Träume

und ihre spirituelle Bedeutung

Sri Chinmoy

Träume

und ihre spirituelle Bedeutung

Sri Chinmoy

THE GOLDEN SHORE

VERLAGSGESELLSCHAFT MBH

Eine Zusammenstellung von Texten aus den engl. Titeln:
"On the Wings of Silver Dreams", "The Journey of Silver Dreams"
"Earth's Dream-Boat Sails", sowie Gedichten aus den Reihen:
"27.000 Aspiration-Plants", "10.000 Flower Flames" u.a.

Übersetzung: Vasanti Niemz
Cover: Mahan Bachmann
Coverfoto: Komal Berg

4. Auflage 2005

ISBN 3-89532-015-3

The Golden Shore Verlagsges.mbH
Austraße 74
D-90429 Nürnberg

Layout: Pragya Gerig
Druck: Offset Druckerei Pohland, Augsburg

Inhaltsverzeichnis

In einen süßen Traum verliebt zu sein
ist der Anfang
einer blühenden, erleuchtenden
und erfüllenden Wirklichkeit.

Einführung

Unsere Träume haben auf uns von Natur aus oft eine faszinierende und inspirierende Wirkung, doch ebenso erscheinen sie uns oft unfassbar und illusorisch. Durch ihre prophetische Botschaft besitzen Träume oft die Fähigkeit uns tiefe innere Weisheiten und Visionen zu offenbaren. Sie können die Zukunft voraussagen, können uns vor katastrophalen Ereignissen warnen, uns Lösungen zu Problemen offenbaren oder uns mit einer spirituellen Erfahrung segnen. Unsere Herzen werden durch den Traum von einem geliebten Freund oder Familienmitgliedern geheilt. Wir sehnen uns ständig danach, in den Traumwelten zu leben, wo Frieden und Freude herrscht.

Doch es gibt auch eine dunklere Seite der Träume. Furchterregende Albträume ruinieren unseren Schlaf und beeinträchtigen selbst die Stunden unseres Wachseins. Dämonen verfolgen uns, wir haben das Gefühl in bedrohlichen Welten gefangen zu sein, unfähig uns zu bewegen, unfähig zu sehen, unfähig nach Hilfe zu rufen. Wir erwachen mit Schrecken und fragen uns, was wir gemacht haben, bewusst oder unbewusst, dass wir im Schlaf in solche Träume geraten. Unter Umständen können wir wochenlang die Auswirkungen solcher Träume spüren.

Wie kann unser Traumwelt-Freund so unberechenbar sein? In diesem Augenblick erhalten wir erhebende Visionen, die uns zu den höchsten Welten hinauftragen und dann greifen uns im nächsten Augenblick furchterregende Gespenster aus den unteren Ebenen an. Wie können wir die bruchstückhaften Träume entziffern, die zu uns kommen -

und was noch bedeutender ist, ist die Frage, ob das Entschlüsseln unserer Träume überhaupt ein lohnenswertes Bestreben ist.

Diese Sammlung von Antworten auf Träume, die Sri Chinmoy gegeben hat, führt Sie durch das verwirrende Labyrinth und lehrt sie die Bedeutung einiger Träume zu verstehen. Sri Chinmoy erklärt auch, wie man Kontrolle über die Art der Träume, wie wir sie haben, ausüben kann. Mit dem Wissen, das wir durch das Lesen dieses Buches erhalten, können wir die segensreichen Geschenke der Inspiration und des inneren Strebens, die wir von unseren visionsartigen Träumen erhalten, besser assimilieren. Und mit unserer Reinheit und unserer inneren Stärke können wir über die Kobolde der Nacht lachen, die versuchen, uns in unseren Albträumen zu fangen.

Endlich können wir alle in Frieden schlafen.

Anupadi

1. Traum-Welten

Die verschiedenen Bewusstseinsebenen, von denen Träume kommen.

Woher kommen Träume und was geschieht, während wir träumen?

Es gibt sieben höhere und sieben niedere Welten. Wenn wir Träume haben, die von den niederen Welten kommen, von den unterbewussten und unbewussten Welten, sollten wir fühlen, dass diese Träume keinen Wert besitzen. Sie können unsere Natur nicht verändern. Sie können uns nicht inspirieren. Und sie können uns auch keine Hoffnung für unsere zukünftige Erfüllung geben.

Erhalten wir einen Traum von der Vitalebene, der Ebene der Lebensenergie, so wird in diesem Traum ständige Bewegung herrschen. Es wird wie auf einem Schlachtfeld zugehen, wo alles zerstört und zerschmettert wird und Menschen getötet werden. Solche Träume können uns in unserem spirituellen Leben in keinerlei Weise behilflich sein. Das beste ist daher, sie zu vergessen.

Wenn der Traum von der mentalen Ebene kommt, wird es darin etwas Ruhe geben – keine vollständige Ruhe und Harmonie, aber doch ein wenig. Wenn er von der psychischen Ebene kommt, der Ebene des spirituellen Herzens, empfinden wir Zuneigung, Süße, Mitleid und Anteilnahme für die Dinge und Menschen, die wir sehen. Und wenn der Traum von der Ebene der Seele kommt, wird er reines Licht, reine Glückseligkeit und reinen Frieden verkörpern.

Wenn wir träumen, besucht unsere Seele viele verschiedene Bewusstseinsebenen. Unsere Seele ist wie ein Vogel. Heute sitzt sie auf einem Ast, morgen kann sie auf einem anderen Ast sitzen und am darauffolgenden Tag auf einem dritten. Jedes Mal, wenn wir einen Traum haben, erhält die Seele die Möglichkeit in verschiedene Bewusstseinsebenen einzutreten. Wenn die Seele möchte, kann sie eine bestimmte Ebene viele Male besuchen. Doch genau wie wir liebt die Seele Abwechslung und besucht gerne verschiedene Bewusstseinsebenen. Wir erhalten Freude, wenn wir etwas Neues erleben und der Seele geht es ebenso. Wenn sie neue Bewusstseinsebenen besucht, erhält sie mehr Licht und schenkt zugleich Licht von ihrem eigenen Selbst. Es ist ein gegenseitiges Geben und Nehmen.

Was wir hier auf der Erde als einen Traum bezeichnen, ist in einer anderen Welt eine Wirklichkeit. Es ist eine eigenständige Wirklichkeit, doch wenn sie zu uns kommt, ist sie uns fremd und auch wir sind ihr fremd. Wenn wir einen Traum haben ist es, wie wenn sich zwei Fremde das erste Mal begegnen. Da sie sich beide nicht kennen, sind sie möglicherweise sehr verwirrt und erstaunt übereinander. Doch sobald sie beginnen miteinander zu leben, bleiben sie nicht länger Fremde. Zu diesem Zeitpunkt wird der Traum Wirklichkeit.

Wenn eine Wirklichkeit zum ersten Mal die irdische Ebene berührt, auf der wir leben, halten wir sie am Anfang für einen Traum. Doch wenn wir zum Ursprung gehen, von dem sie kam, sehen wir, dass sie dort eine Wirklichkeit war. Und wenn dieser Traum eine Weile bei uns bleibt, dann wird er eine Wirklichkeit und bleibt nicht länger ein Traum.

Träume können aus vielen verschiedenen Ebenen kommen. Auf der vitalen Ebene sind Träume oft verwirrend, weil es im Vitalen, in der Welt des Vergnügens, nicht viel Licht gibt. In Träumen, die aus der Welt des Vitalen kommen, gibt es viele Emotionen und starke Erregung. Wenn wir Träume auf der vitalen Ebene haben, nehmen sie sehr oft in kurzer Zeit in der physischen Welt Gestalt an, da die physische der vitalen Welt am nächsten ist. Wir können ebenso in der Welt des Mentalen, des Herzens oder der Seele träumen. In den höheren Welten sind die Träume voller Licht, doch sie kennen keine emotionalen Gefühle. Wenn wir Träume in den höheren Regionen haben, in der Welt der Seele, brauchen sie normalerweise lange, um sich hier im Grobphysischen zu manifestieren.

Wenn du mir erzählen kannst, welche Art von Träumen du hast, kann ich dir sagen, von welcher Bewusstseinsebene sie kommen. Manchmal träumst du vielleicht, dass du wie ein Vogel oder wie ein Flugzeug nach Belieben fliegen kannst. Du fällst von Dächern, berührst die Erde und steigst wieder in die Höhe. Du denkst vielleicht, dieser Traum komme von der höchsten Welt, denn wenn du fliegen kannst und andere nicht, so muss das wohl bedeuten, dass du dich auf einer sehr hohen Ebene befindest. Aber diese Träume spielen sich nur in der Welt des Vitalen ab.

Wenn du Träume von Frieden und Licht hast, wenn dein ganzes Bewusstsein von Frieden, Licht und Schönheit durchflutet ist und du nicht weißt, woher dies alles kommt – es ist einfach da und du befindest dich mittendrin -, dann findet dieser Traum in der Region der Seele statt und nicht im Vitalen. So haben alle Träume ihre eigene Ebene.

Wenn wir einen Traum aus den niederen Welten haben, sollten wir uns mit diesem Traum nicht identifizieren, denn er erschreckt uns zutiefst. Er kommt zu uns als eine Bedrohung. Hingegen kommt ein Traum aus den höheren Welten als Einladung zu uns. Er schenkt uns innere Freude und Erfüllung und lässt uns sofort spüren, dass wir uns mit ihm identifizieren können. Wenn dieser Traum kommt sollten wir in ihn eintreten und in ihn hineinwachsen.

Kann uns das Wissen um unsere Träume dabei helfen, Gott zu verwirklichen?

Wenn es sich um einen guten, einen inspirierenden Traum handelt, dann ist es sicherlich hilfreich. Bei einem ungöttlichen Traum hilft es jedoch nicht. Wenn dich jemand mit einem Messer verwundet oder du jemanden angreifst, wenn du dich auf einem Schlachtfeld befindest oder sich irgendeine Katastrophe ereignet, dann musst du dir bewusst sein, dass solche Träume aus der Welt des Vitalen kommen und dir in keiner Weise helfen. Wenn du jedoch einen Traum hast, in dem ein Engel vor dir erscheint oder dein spiritueller Lehrer dich segnet oder wenn du unmittelbar vor dir ein Meer des Friedens erblickst, dann wird deine spirituelle Entwicklung durch solche Träume beschleunigt werden. Es kommt also ganz auf deine Träume an. Wenn sie von der zerstörerischen Welt des Vitalen kommen, wirst du durch sie keinen Fortschritt machen. Aber du kannst mit Sicherheit Fortschritt machen, wenn du etwas Göttliches siehst oder in deinem Traum Frieden, Licht und Seligkeit in grenzenlosem Maße erfährst.

Was bestimmt meine Träume und wer sieht in meinen Träumen?

Deine inneren Wesen, dein inneres Streben und das ganze Universum in deinem spirituellen Herzen bestimmen, was du träumst. Wenn dein strebendes Herz jedoch nicht so groß ist, dass du dich mit dem universellen Bewusstsein identifizieren kannst, wirst du das Gefühl haben, die Dinge kämen von außen. Dein strebendes Herz kann nur durch inneres Streben ausgedehnt werden. Eines Tages wird dein strebendes Herz eins werden mit einem anderen Herzen – einem Herzen, das von Licht und Glückseligkeit durchflutet ist. Dieses Herz trägt sogar das universelle Bewusstsein in sich. Und dieses Herz ist es, das alle Träume bestimmt, von den bedeutungsvollsten bis zu den unbedeutendsten.

Wenn du schläfst, kann eines deiner inneren Wesen deine Träume sehen. Aber auch das innere Streben, das du in deinem inneren Leben angesammelt hast, sowie die göttliche Gnade und das göttliche Mitleid, die sich durch dich manifestieren wollen, können deinen Schlaf beobachten. Es gibt keine allgemeine Regel, dass ein bestimmtes Wesen oder eine bestimmte innere Wirklichkeit im Schlafzustand oder bei deinen Träumen der Beobachter ist.

Was bedeutet es, wenn man sich beim Zubettgehen sehr stark an einen Traum aus der vorhergehenden Nacht erinnert?

Das bedeutet, dass dein Traum sehr intensiv war. Ob er nun positiv oder negativ war, er war auf jeden Fall intensiv. Positive Träume helfen dir, vorwärts zu gehen; mit negativen Träumen gehst du rückwärts. Ein positiver Traum ist wie eine Blume. Du stellst einige Blumen auf deinen Schrein und sie verströmen einen Duft. Selbst nachdem du die Blumen wieder weggenommen hast, ist der Duft immer noch da. Du lässt ein Räucherstäbchen eine Zeit lang brennen und riechst seinen Duft. Wenn du das Räucherstäbchen dann wegnimmst, wird der Duft im Raum zurückbleiben. Der Gegenstand verschwindet, aber seine Fähigkeit, seine Essenz, seine Eigenschaft bleibt. Ähnlich kann es auch bei einem Menschen geschehen. Ein Heiliger steht vor dir und nach einiger Zeit geht er wieder. Doch der Friede, die Freude und die Liebe, die er in sich trug, schwingen immer noch an dem Ort nach, an dem er sich aufhielt. Doch auch wenn ein schlechter Mensch voller Ärger und anderer ungöttlicher Eigenschaften vor dir steht, werden seine ungöttlichen Eigenschaften zurückbleiben und noch einige Zeit nachschwingen, selbst nachdem er schon längst gegangen ist. Wenn ein Mensch weggeht, lässt er die Eigenschaften, die er verkörpert, an der betreffenden Stellen zurück und du spürst die Wirkung des Bewusstseins, in dem er sich befand, als er körperlich anwesend war. Das Gleiche geschieht bei einem Traum, der nachwirkt, nachdem er vorbei ist. Wenn der Traum sehr kraftvoll war, bleibt seine Essenz, seine wichtigste Eigenschaft bei dir.

Jeder seelenvolle Traum
erweckt eine kraftvolle Wirklichkeit.
Jede kraftvolle Wirklichkeit
singt und spielt
mit Gottes Erfüllungs-Wonne.

Die Vereinigung meiner Träume
mit Gottes Wirklichkeit
vollzieht sich
in meinem Vollkommenheits-Schrei
und Gottes Zufriedenheits-Lächeln.

2. Bewusstseinszustände

Was ist der Zustand zwischen Traum, traumlosem Schlaf und Wachbewusstsein?

Es gibt drei hauptsächliche Bewusstseinszustände: *jagriti, swapna* und *sushupti*. Jagriti ist das Wachstadium, Swapna ist das Traumstadium und Sushupti ist das Stadium des Tiefschlafes. Wenn wir uns im Wachstadium befinden, ist unser Bewusstsein nach außen gerichtet, wenn wir uns im Traumstadium befinden, ist unser Bewusstsein nach innen gerichtet, wenn wir uns im Stadium des Tiefschlafes befinden, bewegt sich unser Bewusstsein im Jenseits.

Wenn wir uns im Wachstadium befinden, nennen wir die Identifikation, die wir mit allem und jedem vollziehen *vaishwanara*, das was allen Menschen gemeinsam ist. Wenn wir uns im Traumstadium befinden, identifizieren wir uns mit *tejasa*, unseren eigenen strahlenden inneren Fähigkeiten, unserer inneren Lebenskraft. Und wenn wir in den Tiefschlaf eintreten, erleben wir das Subtile und identifizieren uns damit. In diesem dritten Stadium leben wir nicht im vitalen Bewusstsein, nicht im intellektuellen Bewusstsein, sondern im inneren, intuitiven Bewusstsein. Im Sushupti gibt es keine kollektive Form, alles ist unbestimmt. Es ist alles eine grenzenlose Masse. In diesem Stadium machen wir eine sehr hohe Erfahrung.

Es gibt noch ein viertes Stadium, *turiya*, das transzendentale Bewusstsein. Im Turiya-Bewusstsein zu sein ist wie auf dem höchsten Ast eines Baumes zu sitzen. Wenn wir uns am Fuß des Baumes befinden, sehen wir mit größter Mühe ein wenig von dem, was um uns ist. Doch wenn wir uns oben auf dem Baum befinden, sehen wir alles um uns herum und unter uns. Wenn wir also in das Turiya-Bewusstsein eintreten, fühlen wir, dass wir in die höchste Bewusstseinsebene gelangt sind. Von hier aus können wir alles beobachten.

Könntest du noch etwas mehr darüber sagen, wie die Seele während des Schlafes in verschiedene Bewusstseinsebenen fliegt?

Es gibt drei Bewusstseinszustände. *Susupti*, den man den traumlosen Zustand nennen kann, ist der reinste, tiefste und höchste Schlaf. Dann gibt es *swapan*, den Traumzustand, und schließlich *jagriti*, den Wachzustand. Im Tiefschlaf erhält die Seele Gelegenheit, von einer Bewusstseinsebene zur anderen zu fliegen. Wir haben viele Bewusstseinsebenen in unserem Wesen, doch wenn wir arbeiten, uns unterhalten und in der Geschäftigkeit und dem Lärm dieser Welt mit anderen Menschen zu tun haben, wird das innere Wesen erdrückt und die Seele erhält keine Gelegenheit zu fliegen. Wenn wir uns in der äußeren Welt befinden und alle möglichen Dinge in unsere Gedankenwelt eintreten, herrscht nur Rastlosigkeit. Im Tiefschlaf jedoch ist das ganze Wesen still und die Seele kann wie ein Vogel von einer Bewusstseinsebene zur anderen fliegen. Wenn die Seele auf diese Weise ungehindert fliegt, sind automatisch alle Türen und Fenster in unserem inneren Wesen geöffnet. Wenn alle Türen offen stehen und die Seele fliegt, wird das äußere Wesen eins mit dem Göttlichen und erfährt das Bewusstsein der Glückseligkeit.

Wenn wir nicht träumen,
kann die Wirklichkeit
nicht geboren werden.
Die Wirklichkeit ist
im Traum stets vorhanden.

3.
Traum und Wirklichkeit

Träume von höheren Welten
- Vorboten der Wirklichkeit

Was sind Träume?

Träume sind Wirklichkeiten anderer Welten. Wenn es sich um Träume aus den niederen Welten handelt, wird die Seele entweder versuchen, sie zu erleuchten und emporzuheben oder sie zu zerstören. Unerleuchtete Träume schaffen für den Suchenden große Probleme. Wenn es ungöttliche Träume sind, kämpft das Licht der Seele mit ihnen, um zu verhindern, dass sie sich manifestieren.

Wenn es sich um erhebende Träume handelt, um Träume aus höheren Welten, dann beschleunigt die Seele ihre Reise zur Erde. Wenn die Wirklichkeiten der höheren Welten herabkommen wollen, hilft ihnen das Licht der Seele. Es zieht sie wie ein Magnet an und versucht, sie zu manifestieren. Wenn sie nicht manifestiert werden, bedeutet das, dass ihre Zeit noch nicht gekommen ist. Es kann auch sein, dass das Göttliche in uns fühlt, dass sie nicht manifestiert zu werden brauchen oder das Göttliche in uns ändert das Spiel und beschließt, dass sie nicht manifestiert werden sollen. Doch in den meisten Fällen sind die Träume von heute die Wirklichkeiten von morgen.

Wenn jemand in der normalen Welt ein Millionär werden will, arbeitet er fünfzig Jahre lang, bis er es geschafft hat. Vor fünfzig Jahren war es ein Traum, aber jetzt ist es Wirklichkeit geworden. Wenn du im spirituellen Leben strebst, fühlst du, dass du Gott verwirklichen und manifestieren wirst. Das sind alles Träume. Doch in zehn oder zwanzig Jahren oder in einigen Inkarnationen werden sie manifestierte Wirklichkeiten sein.

Wir können von unseren Träumen viel lernen, doch wir müssen uns bewusst sein, von welcher Ebene ein Traum kommt. Wenn er von der vitalen Ebene kommt, der Ebene des niederen Vitalen, dann sollten wir ihn vergessen. Wenn wir träumen, dass uns jemand tötet oder wir jemanden töten, ist es absurd, diesem Traum Beachtung zu schenken. Das niedere Vitale ist auch eine Bewusstseinsebene, aber Träume von dieser Ebene sind unwichtig und sinnlos. Wenn der Traum hingegen von der intuitiven Ebene, von der psychischen Ebene, vom höheren Verstand, dem sogenannten 'Overmind' oder vom erleuchteten Verstand kommt, dann sollten wir ihm Beachtung schenken. Wenn wir sehen, dass wir die Fähigkeit oder das Bedürfnis haben, jemandem in seiner Meditation zu helfen oder sein Bewusstsein zu heben, dann sollten wir dieser Art Traum die gebührende Beachtung schenken. In diesem Fall ist der Traum von heute die Wirklichkeit von morgen – ein Traum, der Wirklichkeit in sich birgt.

Träume, die von einer höheren Ebene zu uns kommen – das heißt gute, göttliche Träume – sollten wir schätzen und wir sollten versuchen, ihre Manifestation zu beschleunigen. Wir werden versuchen, diese Träume in Wirklichkeiten zu verwandeln. Wir müssen ständig neues Leben in uns erschaffen, aber wir sollten es nicht in den Träumen tun, die versuchen, uns oder andere zu zerstören.

Der Mensch ist ein König der Zerstörung. An einem Tag wollen wir die ganze Welt zerstören. Am nächsten Tag, wenn wir in einer göttlichen Stimmung sind, wollen wir die ganze Welt lieben, ihr dienen und sie erfüllen. Wir sollten jedoch immer in einem sehr hohen Bewusstsein bleiben. Christus kam in die Welt, ebenso wie Buddha und Sri Krishna, um die Welt zu lieben und sie mit Frieden zu überfluten. Aber dann gibt es auch andere, die in die Welt kommen, um Zerstörung über sich und andere zu bringen. Als spirituelle Menschen und Sucher werden wir versuchen, Frieden zu schaffen. Das sollte unser Traum sein. Wir werden von oben Frieden herabrufen und der Menschheit diesen Frieden anerbieten. Unsere höheren, göttlichen Träume sind also höchst willkommen, wohingegen wir die zerstörerischen Träume aus dem niederen Vitalen ignorieren müssen.

Im Augenblick ist es schwierig oder sogar unmöglich für uns zu wissen, ob wir träumen. Wir halten alles für Wirklichkeit. Wenn wir dann aufstehen, merken wir, dass es nur ein Traum war. Wenn wir jedoch spirituell entwickelt sind, sind wir uns während des Träumens bewusst, dass wir träumen. Es ist wie bei einer Zaubervorstellung. Während wir die Zauberkunststücke beobachten, sind wir uns gleichzeitig der Wirklichkeit bewusst. Wir sehen die Zauberei und sind „verzaubert", aber wir wissen, dass es nur Zaubertricks sind und keine Wirklichkeit. Wenn wir einen Zaubertrick mit Münzen aus nächster Nähe beobachten, sehen wir sofort, welches die falsche und welches die echte Münze ist. Aus der Ferne fällt die Unterscheidung schwer. Je tiefer wir also gehen, desto klarer können wir erkennen, ob wir einen Traum haben oder ob wir uns in der Welt der Wirklichkeit befinden.

Wenn wir schlafen, wirkt unser höchstes Bewusstsein manchmal weiter und manchmal nicht, es gibt keine feste Regel. Es hängt davon ab, ob Gott will, dass das hohe Bewusstsein weiter wirkt, während wir tief schlafen oder ob Gott möchte, dass das hohe Bewusstsein schläft, während der Körper sich ausruht. Es hängt völlig von Gottes Willen ab.

Es gibt viele Sucher, die jeden Tag meditieren und dann nachts schlafen. Weil sie tagsüber meditiert haben, ist Gott mit ihnen zufrieden und sagt zu ihnen: „Meine Kinder, ihr habt sehr hart gearbeitet. Während des Tages habt ihr gebetet und meditiert. Jetzt habe ich andere Instrumente, die euch äußerst machtvoll helfen können. Es gibt jetzt andere Kräfte, die für euch arbeiten können."

Zu diesem Zeitpunkt bittet Er das höhere Selbst oder die höheren Wesen zu wirken und den Suchern zu helfen, die während des Tages gebetet und meditiert haben. Wenn wir jedoch während des Tages nicht beten und meditieren, wird Gott die höheren Wesen oder die höheren Kräfte niemals bitten, für uns zu arbeiten. Das wäre absurd. Nur wenn der innere Führer mit dem Sucher zufrieden ist, wird Er die höheren Kräfte zu Hilfe bitten, wenn der Sucher tief schläft.

Wie materialisieren sich Träume? Kann man sie daran hindern sich zu materialisieren?

Es gibt viele Welten. Ein Traum ist ein Ereignis in der psychischen Welt, in der mentalen Welt, in der vitalen Welt oder in einer anderen Welt. Wenn jemand in der mentalen Welt träumt, muss sich der Traum zuerst in der vitalen Welt manifestieren, bevor er die physische Welt erreicht. Die physische Welt ist die letzte Welt, in der wir ihn sehen. Es ist, als wenn man einen Baum hinunterklettert. Wenn ein Ereignis in der mentalen Welt stattfindet, versucht es nach kurzer Zeit, auf die vitale Ebene und von dort auf die physische Ebene herabzukommen.

Es kann jedoch geschehen, dass ein Ereignis der mentalen Ebene die physische Ebene nie erreicht. Wenn die vitale Welt etwas dagegen hat, kann sie verhindern, dass ein Ereignis sich materialisiert. Das Vitale ist wie ein Leibwächter, wie ein Soldat. Wenn das Vitale es zulässt, kann das betreffende Ereignis schließlich auch auf der physischen Ebene stattfinden. Träume brauchen eine Öffnung, um in das Vitale einzutreten, und wenn sie von dort wieder eine Öffnung erhalten, treten sie ins Physische ein. Wenn das Vitale seine Tür öffnet, kommt das Traumereignis ins Physische und manifestiert sich dort. Das Gleiche geschieht bei Krankheiten. Wenn eine Krankheit zuerst in den Verstand eintritt, kann sie daran gehindert werden, in den Körper zu gelangen. Zuerst ereignet sie sich in den tieferen oder höheren Regionen, und wenn das Vitale es zulässt, manifestiert sie sich im Grobphysischen.

Sehr oft haben wir Träume und erinnern uns am Morgen nicht mehr an sie. Aber was sich in ihnen ereignete, ist völlig echt und wird sich schließlich materialisieren. Andererseits gibt es vieles, was nicht zuerst in der mentalen oder der psychischen Welt Gestalt oder Form annimmt. Viele Ereignisse können direkt aus dem universellen Bewusstsein entstehen. Wenn das Physische sein Bewusstsein ausdehnen kann, wie ein Vogel seine Flügel ausbreitet, geschehen viele Dinge. Es kann Erfahrungen direkt aus dem universellen Bewusstsein holen, ohne dass sie erst durch den Verstand oder das Vitale gehen müssen. Auch wenn man in der mentalen Welt etwas neutralisieren möchte, muss man fähig sein, ins universelle Bewusstsein einzutreten, um von dort Energie zu erhalten. Wenn du einmal freien Zugang zum universellen Bewusstsein hast, kannst du auf die mentale Ebene gehen und dort erfolgreich gegen die Unwissenheit kämpfen.

Wann manifestieren sich die Ereignisse eines Traumes?

Es gibt keine feste Regel. Es kommt darauf an, was für eine Art von Traum du hast. Manchmal sind es einfach Fantasieträume aus dem Unterbewusstsein. Angenommen du möchtest ein Hähnchen essen, aber du bekommst keines. In der Nacht kann dieser Wunsch in einen Traum verwandelt werden und in diesem Traum isst du dann ein Hähnchen. Diese Art von Traum ist kein richtiger Traum. Es ist nur ein unerfüllter Wunsch von der unterbewussten Ebene. Das erleben wir im Traumzustand sehr oft.

Manche Träume sind seltsam. In der vitalen Welt ist das Bewusstsein nicht rein, daher sind die Träume dort voll von chaotischen, wirren und sinnlosen Dingen. Diese Träume sind Ereignisse, die in der vitalen Welt stattfinden.

Aber es gibt auch viele gute Träume, echte Träume. Sie sind die Vorboten einer Wirklichkeit. Träume sind eine Wirklichkeit in einer anderen Welt, die höher ist als die physische Welt. Wenn du einen guten Traum hast, betrachte ihn als eine Wirklichkeit. Wenn du jedoch einen schlechten Traum hast, dann betrachte ihn als eine mentale Halluzination und wirf ihn einfach weg.

Manchmal werden die Träume zerstört, bevor sie die physische Welt berühren. Wenn sie auf dem Weg zur physischen Welt auf der vitalen Ebene zerstört werden, manifestieren sie sich nicht.

Manche Träume jedoch werden Wirklichkeit. Solche Träume haben wir normalerweise in den frühen Morgenstunden, zwischen vier und fünf Uhr oder fünf Uhr dreißig, zur *brahma muhurta* oder Stunde Gottes. Wenn du zu dieser Zeit träumst, werden diese Träume sich mit großer Wahrscheinlichkeit manifestieren. Doch diese Träume müssen gut vor unreinen Gedanken geschützt werden. Auch Träume bei einer Mond- oder Sonnenfinsternis gehen meistens in Erfüllung.

Ein Traum, der von der unterbewussten Welt kommt, einer Welt in der wir streiten, kämpfen und viele ungöttliche Dinge tun, wird nicht unbedingt Wirklichkeit werden. Aber ein Traum aus den höheren Welten wird sich manifestieren. Der Traum von heute ist die Wirklichkeit von morgen. Warum? Weil der Traum von einer Welt kommt, die lebendig und greifbar ist. Mit unserem begrenzten Bewusstsein wissen wir nichts davon. Doch wenn wir meditieren, treten wir bewusst in viele höhere Welten ein und die Wirklichkeit dieser Welten tritt in unsere Träume ein.

Als gewöhnlicher Mensch betrachtet man einen Traum als etwas, das von seinem übrigen Leben völlig getrennt ist. Man fühlt, dass man selbst in der Wirklichkeit lebt, während der Traum mit der Wirklichkeit nichts zu tun hat. Er ist etwas Süßes, etwas Kostbares, etwas Ermutigendes, etwas Inspirierendes und so weiter, aber man fühlt nicht, dass er mehr ist als das. Wenn jedoch ein spiritueller Mensch einen Traum hat, fühlt er sofort, dass sein Traum der Vorbote einer Wirklichkeit ist. Er fühlt, dass jeder Traum eine Stufe auf dem Weg zu seinem göttlichen Ziel ist.

Mein Onkel hatte sechs oder sieben Mal sehr lebhafte Träume, die tatsächlich auf der physischen Ebene Wirklichkeit wurden, nachdem er aufgewacht war. Er glaubt, dass seine Seele ihm die Botschaften gibt.

Das ist vollkommen richtig. Wenn man diese Botschaften von oben erhält, werden sie unweigerlich Wirklichkeit. Doch wenn wir meditieren, wenn wir uns konzentrieren, können wir bewusst in die Traumwelten eintreten. Im Augenblick ist die Traumwelt für uns etwas Nebulöses, etwas Ungewisses und zu einem gewissen Grad etwas Obskures. Doch wenn wir sie erforschen, werden wir vieles über sie lernen. Man muss sich nur eingehender mit ihr beschäftigen. Wenn du dich mit dem inneren Leben beschäftigst, wirst du natürlicherweise mit innerer Erkenntnis überflutet werden. Selbsterkenntnis ist Selbstentwicklung, Selbstentfaltung, innere Entdeckung. Wenn du etwas studierst, entdeckst du viele Dinge. Ebenso wirst du das innere Leben entdecken, wenn du innerlich studierst. Dort ist alles aufgezeichnet – wir müssen es nur entfalten.

Ich träumte, dass meine Mutter bald sterben würde. Ich war mir ganz sicher, daher betete und betete ich. Und dann starb sie tatsächlich.

Dein Traum hat dich nur vorbereitet. Wenn du es nicht vorher gewusst hättest, wäre dein Schock größer gewesen. Selbst wenn du es nur drei Stunden vor ihrem Tod gewusst hättest, hätte es dir geholfen, dich stark zu machen. Als der Tod deiner Mutter eintrat, war es einerseits erschreckend für dich, andererseits hatte dein Traum dir geholfen, stärker zu werden.

Kannst du erklären, warum Säuglinge und kleine Kinder im Schlaf manchmal lächeln wie Engel und warum sie ein andermal weinen?

Wenn sie lächeln, ist es ihre Seele, die ihre Freude auf eine sichtbare Weise in ihrem Gesicht zum Ausdruck bringt. Die psychische Glückseligkeit offenbart sich in ihrer ganzen Fülle ihn ihrem Gesicht. Zuerst empfinden wir Freude – der wir uns vielleicht nicht einmal bewusst sind – und unmittelbar danach drückt sie sich in unserem Gesicht aus.

Es gibt verschiedene Gründe dafür, wenn ein kleines Kind schreit oder weint. Manchmal kann es Hunger oder Durst haben oder es kann träumen. Wenn wir zerstörerische, furchterregende oder quälende Träume haben, schreien wir normalerweise nicht laut auf. Wir wissen, dass wir nur einige Minuten oder Sekunden lang Angst haben werden. Aber ein Kind fühlt, dass es angegriffen wurde und weiß nicht, was für ein Angriff das ist und wann er vorbei sein wird. Es ist hilflos wie ein Kind, das sich im Wald verirrt hat und es fühlt, dass es nur gerettet wird, wenn es laut schreit. Eltern können ihre Kinder allerdings nicht vor Träumen schützen. Kluge Eltern können nur zu ihren Kindern gehen und sie trösten.

Können solche Träume bei kleinen Kindern Erinnerungen an vergangene Leben sein?

Manchmal sind es Erinnerungen an frühere Leben. Es kann aber auch sein, dass sich die Geschwister in der Familie streiten oder dass sich die Leute in der Nachbarschaft streiten und die Schwingungen davon in der Atmosphäre bleiben. Dann leidet ein Kind, weil es das zarteste und schwächste Glied in der Familie ist. Bewusst weiß es nicht einmal von diesen Streitigkeiten, doch wenn sich seine Eltern oder Geschwister streiten, dringen diese negativen Schwingungen in das Bewusstsein des Kindes ein und das Kind leidet darunter.

Wenn du immer glücklich,
vollkommen und erfüllt bleiben willst,
dann bewahre in deinem Herzen
stets eine Handvoll süßer Träume.

Ich kam von Gott
dem ewig Träumenden.
Ich gehe zu Gott,
dem unsterblich Liebenden.

4. Traum-Arbeit

Sich an Träume erinnern

Wie kann ich mir spiritueller Erfahrungen, die ich in meinen Träumen hatte, bewusst werden?

Du kannst dir spiritueller Erfahrungen, die du während des Schlafes hattest, nur bewusst werden, wenn du fühlst, dass diese Erfahrungen für dich von außerordentlich großem Wert sind. Wenn du das spürst, wirst du das Gefühl eines großen, unwiederbringlichen Verlustes haben, wenn du deine Erfahrungen vergisst. Beim nächsten Traum wirst du dann deine Erfahrungen nicht mehr vergessen.

Unser Problem besteht darin, dass wir unseren Erfahrungen nicht den gebührenden Wert beimessen. Zum einen sind wir der Ansicht, dass wenn wir während des Schlafes eine Erfahrung haben, es nur unsere mentale Halluzination sei und weiter nichts. Das ist falsch. Zum anderen meinen wird, dass andere die gleichen Erfahrungen machen und sie nichts Ungewöhnliches sind. Das ist ebenso falsch. Ob andere Menschen Träume haben oder nicht, ist nicht unsere Sache. Für uns ist nur wichtig, neues Leben zu erhalten und unserem vorbestimmten Ziel entgegenzulaufen. Wenn wir unseren Erfahrungen nicht die ihnen zukommende Bedeutung geben, haben sie das Gefühl, dass sie nicht gebraucht werden und klopfen nicht mehr an unsere Türe.

Der Grund, warum wir uns unserer Erfahrungen, die wir während des Schlafes machen, nicht bewusst werden, liegt folglich darin, dass wir sie nicht richtig schätzen. Wenn wir einen Menschen oder eine Sache gebührend schätzen, bleibt der oder das Betreffende mit uns, in uns und für uns.

Wenn man mit einem Gefühl der Erhebung und Freude aufwacht, bedeutet das, dass man im Traum eine spirituelle Erfahrung gemacht hat, auch wenn der physische Verstand sich dessen nicht bewusst ist?

Wenn du dich daran erinnern kannst, dann bist du dir der Erfahrung bewusst, sonst könntest du mir jetzt nicht davon erzählen. Nachdem du die Erfahrung hattest, bist du über verschiedene Sprossen der Bewusstseinsleiter herabgestiegen. Weil du ein Anfänger im spirituellen Leben bist, besteht zwischen der untersten Sprosse und der Sprosse, auf der du die Erfahrung hattest, keine Verbindung. Wenn du während des Tages in deinem physischen Bewusstsein bleibst, kann die Erfahrung, die du in der inneren Welt hattest, nicht richtig wirken. Das physische Bewusstsein hat keinen freien Zugang zu der Bewussteinsebene, auf der deine Erfahrung stattfand. Erst wenn es mit göttlichem Licht überflutet ist, kann das physische Bewusstsein freien Zugang zu allen Bewusstseinsebenen erlangen.

Während du schläfst, fliegt die Seele wie ein Vogel von einer Bewusstseinsebene zur anderen. Doch wenn das Physische die Seele dabei beobachten möchte, muss es vom Licht der Seele geformt und geführt werden. Während deiner Erfahrung warst du zwar bewusst, aber danach konntest du die Erfahrung nicht zurückholen, weil du dir all der Stufen, die zwischen dieser Ebene und der physischen Ebene liegen, nicht gewahr warst. Das Beste ist daher, immer bewusst und offen zu sein und zu versuchen, mehr Zeit in der Meditation zu verbringen. Wenn du zur Zeit täglich eine Stunde lang meditierst, dann versuche zwei Stunden zu meditieren. Gott hat dir vierundzwanzig Stunden gegeben. Davon kannst du mehr Zeit für die Meditation verwenden. In der Stille kannst du mehr sprechen, in der Stille kannst du kraftvoller handeln.

Nach dem Aufwachen kann ich mich nur für einen Sekundenbruchteil an meine Träume erinnern, dann verschwinden sie. Was kann ich dagegen tun?

Es gibt eine ganze Reihe von Gründen, warum du deine Träume trotz aller Bemühungen nicht länger als einen Sekundenbruchteil in Erinnerung behalten kannst. Die beiden wichtigsten Gründe dafür sind: Zum einen misst du deinen Träumen nicht die gebührende Bedeutung bei. Obwohl du dich nach besten Kräften zu erinnern versuchst, hältst du sie nicht für wichtig genug. Du hast etwas verloren oder verlegt und du möchtest es zurück haben. Aber du gibst nicht dein Bestes, du bringst nicht deine äußerste aufrichtige Anstrengung auf, um den verlorenen Gegenstand wiederzufinden. Deiner Suche fehlt es an Intensität. Das ist ein Grund.

Ein anderer Grund kann darin liegen, dass es nicht der Wille Gottes ist, dass du dich an deine Träume erinnerst. Vielleicht hattest du einen schlechten Traum, einen unstrebsamen, furchterregenden Traum. Der Supreme weiß, dass du nichts, absolut gar nichts gewinnen wirst, indem du dich an diesen ungöttlichen Traum erinnerst. Im Gegenteil – wenn du dich bewusst an diesen schlechten Traum erinnerst und einige Stunden an ihn denkst, wird er in dir Furcht erzeugen und nur deine innere Strebsamkeit zerstören. Oder aber du erhältst einen sehr hohen, erhabenen Traum und der Supreme sieht, dass du nicht in der Lage bist, ihn zu verarbeiten. Dann wird Er auch nicht zulassen, dass du dich an ihn erinnerst. Wenn Er sieht, dass dir bewusst oder unbewusst der Stolz zu Kopf steigen würde und du sagen würdest: „Oh, ich hatte einen solch erhabenen Traum, ich bin so großartig“, dann entfernt Er den Traum einfach aus deinem bewussten Verstand. Der Supreme möchte, dass du den Traum in der Tiefe deines Herzens aufbewahrst, und ganz allmählich lässt Er den Samen in dir wachsen. Mit der Zeit wird der Samen aufgehen und zu einem großen Mangobaum heranwachsen. Solange er noch eine kleine Pflanze ist, besteht die große Gefahr, dass er von dir oder von anderen zerstört wird. Doch sobald er zu einem großen Baum herangewachsen ist, kann er nicht mehr zerstört werden. Dann wird es in dir keinen Stolz mehr geben. Wenn du zu einem richtigen Mangobaum voller Mangos geworden bist, wirst du dich demütig herabbeugen und deine Früchte aufrichtigen Suchern anerbieten.

Entweder habe ich keine Träume oder ich vergesse sie.

Wenn du keine Träume hast, bedeutet das, dass du sie nicht brauchst. Wenn du Träume hast, sie jedoch vergisst und dann das Gefühl hast, etwas Wichtiges in deinem Leben verloren zu haben, dann solltest du versuchen, sie zurückzugewinnen. Um das zu tun, solltest du fühlen, dass dein Leben keine traumlose Wirklichkeit ist. Du solltest dir ebenfalls bewusst sein, dass jeder Traum ein klarer Hinweis auf eine bevorstehende Wirklichkeit ist, denn dann wirst du den Traum so schätzen, wie du die Wirklichkeit schätzen würdest. Wenn du Träume auf diese Weise ernst nimmst, wird dir ein inneres Wesen helfen, dich an deine Träume zu erinnern.

Wie können wir uns nach dem Aufwachen an unsere Träume erinnern?

Manche Leute behaupten, sie hätten keine Träume, aber sie irren sich. Sie träumen zwar, doch sobald sie aus dem Traumland herauskommen vergessen sie ihre Träume sofort wieder. Andere Menschen haben die Fähigkeit ihr Traum-Bewusstsein am frühen Morgen zu bewahren, während sie schon völlig wach sind. Wenn du fühlst, dass du in der Nacht einen Traum hattest und dich nur nicht daran erinnern kannst, dann versuche dich früh am Morgen auf diesen bestimmten Punkt an deinem Hinterkopf zu konzentrieren. Er liegt an der obersten Stelle des Nackens. Wenn du Träume hast, werden sie sich entweder über deinen physischen Verstand manifestieren oder sie werden eine Zeitlang – einige Stunden oder sogar einen oder zwei Tage lang – an diesem Punkt gespeichert. Wenn du also einen Traum zurückholen willst, solltest du versuchen dich auf diesen Punkt zu konzentrieren. Wenn du dich dort zehn oder fünfzehn Minuten lang konzentrieren kannst, wirst du spüren, dass du an eine bestimmte Türe klopfst. Und wenn diese Türe sich öffnet, wirst du dich vollständig an deine Träume erinnern können. Alles wird wieder zu dir zurückkommen.

Wenn du schlechte Träume hast, dann solltest du erst gar nicht versuchen, dich an sie zu erinnern. Im Gegenteil – vergiss sie sofort! Je schneller du sie vergisst, desto besser ist es für dich auf jeder Ebene deines Bewusstseins. Wenn es sich hingegen um einen guten Traum handelt, erinnere dich an ihn, aber miss ihm keine übertriebene Bedeutung bei. Damit meine ich, du solltest nicht ständig an den Traum denken und darüber dein Wirklichkeitsleben vergessen, das deine bewusste und ständige Aufmerksamkeit erfordert. Wenn du jedoch den Traum in deinem Herzen bewahren kannst, wird er dir Freude, Inspiration und Strebsamkeit geben, so dass du in deinem Wirklichkeitsleben hingebungsvoller, spiritueller, göttlicher und vollkommener sein kannst.

Kann uns unser inneres Streben helfen, uns an unsere Träume zu erinnern, wenn wir den unbewussten Teil unseres Wesens zur Reinigung anbieten?

Gewiss! Inneres Streben vergrößert immer die Fähigkeit, sich an Träume zu erinnern. Doch wir müssen uns bewusst sein, welche Verbindung zwischen innerem Streben und Reinigung besteht. Es ist ganz einfach: inneres Streben sagt uns, dass Gott in unserem Inneren ist. Reinheit sagt uns, dass Gott überall um uns herum ist. Genauso wie wir durch Reinheit unser inneres Streben vergrößern, vergrößern wir durch inneres Streben auch unsere Reinheit. Wenn wir uns Gott völlig hingeben, wächst unser inneres Streben. Wenn wir von Gott hingebungsvoll empfangen, nimmt unsere Reinheit zu.

Mein Traum weckt mich auf.
Meine Vision hilft mir fliegen.

Wenn du fähig sein willst,
deinen Träumen Flügel zu verleihen,
musst du die Fähigkeit entwickeln,
einen wunderschönen Seelen-Vogel
in deiner Lebens-Wirklichkeit zu sehen.

Jeder seelenvolle Traum
erweckt eine kraftvolle Wirklichkeit.
Jede kraftvolle Wirklichkeit
singt und spielt
mit Gottes Erfüllungs-Wonne.

Wie man gute Träume haben kann

Wie kann man Träume von den höheren Welten erhalten?

Wenn du Träume von den höheren Welten und nicht von den niederen Welten erhalten willst, dann meditiere vor dem Schlafengehen mindestens fünf Minuten lang auf dein Nabelzentrum und die Zentren unterhalb des Nabels. Damit wirst du die Türen zu diesen Zentren verschließen. Meditiere dann weitere fünf Minuten auf dein Herzzentrum und die Zentren oberhalb des Herzens. Damit wirst du die Türen zu diesen Zentren öffnen. Versuche während du das Nabelzentrum und die tieferliegenden Zentren verschließt, die dynamische Energie eines Vulkans oder eines heldenhaften Kämpfers zu fühlen. Versuche dann, während du das Herzzentrum und die höheren Zentren öffnest, die Fröhlichkeit und Wonne eines Kindes zu fühlen. Wenn dir das gelingt, wirst du unweigerlich Träume aus den höheren Welten erhalten.

Wie kann ich spirituelle Träume haben?

Wenn du süße Träume, inspirierende Träume haben möchtest, dann solltest du früh am Morgen - um drei Uhr dreißig oder um vier oder fünf Uhr – sehr seelenvoll meditieren und dann nochmals dreißig oder vierzig Minuten lang schlafen. Wenn deine Meditation stark und echt ist, wenn sie aus der Tiefe deines Herzens kommt, werden alle Träume, die du danach hast göttliche, bedeutungsvolle Träume sein. Es werden Träume von Engeln oder Gottheiten sein oder von geliebten Menschen. Oder du wirst ermutigende, inspirierende Dinge sehen.

Wenn du vor drei Uhr morgens gute Träume haben möchtest, dann versuche bitte, ungefähr zehn Minuten lang auf deinen Nabel zu meditieren, bevor du abends zu Bett gehst. In der Nabelgegend entstehen die Emotionen. Emotionen an sich sind nicht schlecht, es kommt jedoch darauf an, wie wir sie verwenden. Wenn wir menschliche Emotionen haben, binden wir uns nur. Aber wenn wir göttliche Emotionen haben, dehnen wir uns aus und erweitern unser Bewusstsein. Wenn du dich zehn Minuten lang auf dein Nabelzentrum konzentrierst, kannst du die menschlichen Emotionen unter Kontrolle bringen und den göttlichen Emotionen erlauben, vom Herzen nach oben zu steigen, hinauf zum Höchsten.

Wie kann man in der Welt des Vitalen positive Träume haben?

Wenn du normalerweise morgens um fünf Uhr aufstehst, dann stehe um vier Uhr auf. Dusche dich gründlich und meditiere mindestens eine halbe Stunde lang. Konzentriere dich dann nach der Meditation im Sitzen oder im Liegen auf deinen Nabel. Denke dabei nicht an Träume. Versuche zu fühlen, dass sich dein Nabel-Chakra öffnet. Versuche dir vorzustellen, dass sich dort ein Rad ganz schnell dreht. Da du vorher eine halbe Stunde meditiert hast, brauchst du dir keine Sorgen zu machen, wenn du in dieses Chakra eintrittst, obwohl es das Chakra des Vitalen ist. Von dort wirst du dann dynamische Träume oder wunderschöne, seelenvolle Träume voller Farben erhalten. Auch wenn du dich auf andere Zentren konzentrierst, wirst du Träume haben. Sei jedoch vorsichtig, dass du dich nicht in deinen Träumen verlierst.

Angenommen deine Meditation ist um 5.30 Uhr vorbei und um 6.30 Uhr musst du wieder aufstehen, um zur Arbeit zu gehen. So steht dir also nur eine Stunde zur Verfügung. Doch wenn das Nabel-Chakra einmal geweckt ist, arbeitet es sehr schnell. Wenn dieses Chakra und die darunter liegenden Zentren zu früh geöffnet werden, ist das ein wahrer Fluch. Wenn es jedoch zum richtigen Zeitpunkt geschieht, gibt es keine Probleme.

Es gibt eine Welt,
weit von der unseren entfernt,
in der das Herz der Schönheit,
das Leben der Reinheit
und die Seele der Göttlichkeit
wachsen und glühen,
um Gott, den ewig Träumenden
zu enthüllen
und Gott den unsterblich Liebenden
zu offenbaren.

Wer kann träumen?
Wer träumt?
Wer wird immer träumen?
Nur der Gott-Liebende
im Strebsamkeits-Herzen des Suchers.

Die Kraft eines Traumes
kann einen Menschen
fraglos glücklich machen.

Doch die Kraft der Wirklichkeit allein
kann einen Menschen
uneingeschränkt vollkommen machen.

Wie man schlechte Träume vermeiden oder verwandeln kann

Soll ich um einen ruhigen Schlaf beten, um keine schlechten Träume zu haben oder soll ich die Träume einfach kommen lassen?

Meditiere zuerst auf das Herz und spüre dort die wirkliche Gegenwart von Licht. Dann nimm dieses Licht und wirf es in den dunklen Abgrund des Nabels, um ihn damit zu reinigen. Dann kannst du keine schlechten Träume mehr haben, weil dein Vitales erleuchtet werden wird.

Woher kommen schlechte Träume?

Manchmal nehmen wir ungöttliche Nahrung zu uns, bevor wir zu Bett gehen. Dann träumen wir schlecht – nicht weil falsche Kräfte in uns eindringen, sondern nur wegen der Nahrung, die in unser System gelangt ist. Oder wir haben beim Essen falsche Gedanken. Wir glauben vielleicht, danach seien sie vorbei, aber das stimmt nicht. In der Nacht können diese falschen Gedanken Probleme verursachen. Schlechte Träume kommen also manchmal von der Nahrung und manchmal von Gedanken, die wir beim Essen haben.

Albträume können auch kommen, wenn deine beiden Hände beim Schlafen zusammengelegt auf deiner Brust ruhen, über dem Herzen. Das geschieht sehr häufig. Zudem ist es auch nicht gut, die Bettdecke über das Gesicht zu ziehen.

Wenn du mit den Händen auf der Brust schläfst, kannst du auch Frösche, Eichhörnchen, Katzen und alle möglichen anderen Tiere in deinen Träumen sehen. Beim Schlafen solltest du entweder auf der Seite oder auf dem Rücken liegen. Doch achte darauf, dass kein Druck auf deinem Brustkorb lastet. Sonst kannst du in eine feste Wand hineingeraten und zwar in eine sehr, sehr schlechte Wand. Ich weiß, dass einige meiner Schüler oft mit den Händen auf der Brust schlafen. Das ist überhaupt nicht gut. Einige von ihnen schlafen sehr lang, aber sie haben keinen guten Schlaf. Sie sollten einige Minuten lang meditieren, bevor sie zu Bett gehen.

Kann man einen schlechten Traum in einen guten verwandeln?

Wenn du einen schlechten Traum hast und ihn wirklich in einen guten Traum verwandeln willst, dann musst du sofort versuchen aufzuwachen. Steh auf und strecke deine Arme und Beine, dann setze dich hin und meditiere. Wenn du tief nach innen tauchst, wird die Stärke deiner inneren Meditation und deines inneren Lichts unweigerlich deine schlechten Träume in gute, erleuchtende und erfüllende Träume verwandeln. Aber wenn du dich von schlechten Träumen befreien willst, dann steh nach dem Traum sofort auf und sage: „Ah, jetzt bin ich von dem schlimmen Angriff befreit." Bevor du dich wieder zum Schlafen hinlegst, lächle und lache und freue dich, dass der Angriff vorbei ist.

Was kann man machen, wenn man oft schlechte Träume aus dem Vitalen hat?

In diesem Fall muss man vorsichtiger und bewusster sein und sich seinem spirituellen Leben stärker hingeben, vor allem während der Meditation. Bei jeder Meditation sollte man fühlen, dass das Ergebnis der Meditation wie ein Fluss ist, der zum Meer fließt, seinem vorbestimmten Ziel entgegen. Der Sucher sollte fühlen, dass der Traum nicht das Ziel ist. Er ist nur eine Reise. Während der Reise mag man auf schlechtes Wetter und andere Hindernisse stoßen, doch wenn man tapfer ist, erreicht man unweigerlich sein Ziel.

Sei also während deiner Träume tapfer und fühle, dass der Traum nicht das Ende ist. Wenn du einen unglücklichen Traum hast, fühle, dass er ein notwendiger Schritt in deinem Leben ist, um dich stärker zu machen, vor allem in deinem Fall. Ich brauche dir nicht zu sagen, dass die Wirklichkeit selbst danach schreit, dass du an ihrem Tor ankommen mögest. Sie braucht dich, den Schrei deines Herzens, das bewusste und ständige Einssein deines Lebens verzweifelt, um sich in dir und durch dich manifestieren zu können - für die Vervollkommnung des Lebens und die Manifestation der Liebe auf der Erde.

Zuerst meditiere ich wunderbar und dann habe ich in der Nacht sehr unreine Träume aus dem Vitalen.

Wenn du Träume aus dem niederen Vitalen hast, müssen sie gereinigt werden. Wenn du dein Zimmer unordentlich und schmutzig zurücklässt, kannst du nicht erwarten, dass es auf einmal ordentlich und sauber ist, wenn du es wieder betrittst. Du musst versuchen in deinem Zimmer sauberzumachen, einige Dinge aufzuräumen und andere wegzuwerfen.

In der Meditation suchst du Licht und dieses Licht muss in dein Vitales eintreten, um es zu reinigen. Wenn du ohne Licht einen dunklen Raum betrittst, wirst du nichts sehen.

Du denkst dann, alles sei in Ordnung. Doch wenn du das Llicht anschaltest, wirst du sehen, dass nichts in Ordnung ist, dass der Raum voller zerstörerischer Kräfte ist. Das ist gut so, denn nun bist du in der Lage, die Kräfte zu transformieren. Wenn du von deiner Meditation Licht und Seligkeit erhältst und damit in die vitale Welt eintrittst, ist es dir sehr leicht möglich, sie zu reinigen. Mach dir also wegen dieser vitalen Träume keine Sorgen. Wenn du eine wunderbare Meditation gehabt hast, versuche einfach, das Licht aus deiner Meditation in deine vitalen Träume hineinzubringen und sie zu reinigen. Lass deine Träume von der Kraft deiner Meditation gereinigt werden.

Wenn man schläft, scheint man viel weniger Kontrolle über seine Reinheit zu haben?

Das ist völlig richtig. Im Wachstadium hat man mehr Kontrolle über seine Reinheit, während man im Schlaf praktisch keine Kontrolle darüber hat. Aber das ist nur eine Frage der Übung. Wenn du ein guter Sänger werden willst, dann übst du, bis du schließlich alle Melodien perfekt von Anfang bis Ende singen kannst. Wenn du nicht übst, wirst du Fehler machen. Wenn du ein guter Tänzer werden willst, musst du die Tanzschritte tagein, tagaus üben – anders kannst du nicht perfekt werden.

Hier ist es genauso. Wenn du während des Wachzustandes äußerst seelenvoll auf Reinheit meditieren kannst und wenn du während des Tages in deinem inneren Leben vollkommen sein kannst, dann versichere ich dir, dass du auch vollkommen sein wirst, wenn du schläfst. Wenn du Reinheit besitzt, wirst du sogar in einem Traum zutiefst zufrieden sein, denn ein Traum birgt die Wirklichkeit in sich und die Wirklichkeit birgt den Traum in sich. Was geträumt wird, ist eine Wirklichkeit in einer anderen Welt – in einer höheren oder niederen Welt. Wenn du jedoch hier, in der physischen Welt, eine gewisse Meisterschaft über deine Unreinheit erlangen kannst, wirst du sie auch in der Traumwelt haben, das versichere ich dir.

Wenn wir im Körper-Raum leben,
sehen wir Gott, den Fremden.
Wenn wir im Herzens-Raum leben,
sehen wir Gott, den Liebenden.
Wenn wir im Seelen-Raum leben,
sehen wir Gott, den Träumenden.

Träume von bevorstehenden Ereignissen

Was sollen wir tun, wenn wir einen furchterregenden Traum haben, der uns sagt, dass jemand sterben wird?

Wenn du einen furchterregenden Traum hast, dann schenke ihm bitte keine Beachtung. Angenommen du träumst, dass sich in deinem Leben etwas Schlimmes ereignen wird. Wenn du dich fürchtest, bist du schon tot. Wenn du dich jedoch nicht erschrecken lässt, kannst du während der Stunden oder Tage, die zwischen deinem Traum und dem tatsächlichen Ereignis liegen, dagegen kämpfen. Und die göttliche Gnade wird unweigerlich kommen und dir helfen. Angenommen du träumst, dass ein Freund oder ein Verwandter sterben wird und dein Traum ist absolut wahr. Morgen wird der Betreffende mit Sicherheit sterben, doch wenn du jetzt Angst hast, ist er für dich heute schon tot. Wenn du dich dem Traum unterwirfst, wirst du unnötig leiden, bevor das Ereignis tatsächlich eintrifft. Zudem wird deine Angst in das zukünftige Opfer eindringen und eine zusätzliche Belastung bedeuten.

In solch einem Fall solltest du versuchen, gegen die Möglichkeit des Todes durch Gebet und Meditation zu kämpfen. Bete zu Gott: „Ich habe es gesehen. O Gott, rette ihn, rette ihn." Statt dich erschrecken zu lassen, solltest du versuchen, zu Gott zu beten. Du denkst vielleicht, Gebet sei etwas Weibliches oder Schwaches. Keineswegs! Dein Gebet ist deine größte Stärke. Gottes Stärke ist Sein Mitleid und die Stärke des Menschen ist sein Gebet. Oder du kannst meditieren. Das ist sogar noch eine größere Kraft. Wenn du kämpfst und Gottes Gnade herabkommt, versichere ich dir, dass du den Tod des Betreffenden verzögern kannst. Es gibt viele Fälle, wo spirituelle Sucher träumten, dass ein Angehöriger sterben würde und sie sofort zu meditieren und zu beten begannen. Dann kam Gottes Gnade herab. Gott schließt die Möglichkeit nicht endgültig aus, aber Er kann das tatsächliche Ereignis einfach hinausschieben.

Warum hilft Gott einem Sucher in solch einem Fall? Gott hilft, weil Er durch das kosmische Gesetz nicht gebunden ist. Das kosmische Gesetz wurde von Gott geschaffen und Er kann Sein eigenes Gesetz jederzeit brechen. Wenn Er Sein Gesetz nicht brechen könnte, wäre Er nicht allmächtig. Und durch dein seelenvolles Gebet kannst du Gott dazu bringen, Sein Gesetz zu brechen. Gott sagt: „Das soll geschehen." Und so hat Er es aufgezeichnet. Doch wenn ein menschliches Gebet in Sein Herz eindringt, kann Er Seine eigene Anordnung rückgängig machen.

Wenn du hoffnungsvolle Träume, erleuchtende Träume, ermutigende Träume hast, wenn du siehst, das etwas Bedeutungsvolles im Leben eines Freundes geschehen wird, dann solltest du bewusst versuchen, deine Seele mit seiner Seele zu identifizieren. Wie kannst du das tun? Durch deine Meditation. Deinem Freund wird das Ereignis schließlich Freude bringen, denn es ist seine Erfahrung. Aber diese Freude hast du durch Gottes Gnade schon vor ihm erfahren. Wenn du nun weise bist, wirst du tief nach innen gehen und die Freude, die du erfahren hast, assimilieren und dann versuchen, sie ihm innerlich anzubieten, bevor er sie direkt von Gott bekommt. Wenn du deinem Freund jedoch erzählst: „Ich habe etwas Wunderbares von dir geträumt," wird er eine Sekunde lang glücklich sein, doch dann wird er an dir zweifeln und sagen: „Ach, das sind doch alles nur Hirngespinste!“ Trotz deiner besten Absichten wird sein zweifelnder Verstand kaltes Wasser auf deine ermutigende Botschaft gießen. Anstatt dem Betreffenden davon mit Worten zu erzählen, solltest du also versuchen, ihm die Freude des Traumes durch deine Meditation bewusst zu schenken. Dann wird er zusätzlich Kraft erhalten. Bevor er die Erfahrung aus deinem Traum erhält, die zu ihm in Gestalt der Wirklichkeit kommen wird, wird er schon inneren Frieden und innere Freude erhalten, ohne zu wissen woher, denn du hast begonnen, ihn damit zu füllen und ihn darauf vorzubereiten, etwas sehr Hohes, sehr Bedeutungsvolles und Erfüllendes zu empfangen. Und wenn du gute Träume über dich selbst hast, dann geh tief nach innen und mach dich bereit – bereit, ein gutes Instrument für die Wirklichkeit zu sein; bereit, die Wirklichkeit so aufzunehmen, wie sie aufgenommen werden sollte.

Glauben zu haben bedeutet,
von Gott zu träumen.
Von Gott zu träumen bedeutet,
schließlich ein vollkommenes
Instrument Gottes zu werden.

Träume als Inspiration für die innere Reise

Ich träume selten. Sind Träume wichtig für einen Sucher?

Es hängt völlig von den Bedürfnissen des Suchers ab. Wenn ein Sucher einen Traum braucht, damit er dazu angespornt wird, tief nach innen oder weit über den Verstand hinauszugehen, dann sind Träume von äußerster Wichtigkeit. Göttliche Träume, spirituelle Träume spielen im Leben eines Suchers eine wichtige Rolle. Zudem müssen wir wissen, dass alles ein Traum ist, bevor es sich in der Welt der Wirklichkeit manifestiert. Wenn wir die Wirklichkeit schätzen, dann müssen wir auch den Traum schätzen. Das bedeutet jedoch nicht, dass wir Abertausende von Träumen haben müssen um Gott zu verwirklichen – keineswegs! Wenn wir ein paar bedeutungsvolle Träume haben, so ist das mehr als genug. Selbst wenn wir gar keine Träume haben, wird das kein Hindernis für uns sein. Aber es gibt keinen einzigen Menschen auf dieser Welt, der nicht schon einen Traum gehabt hätte.

Sollte ein Sucher bewusst versuchen, Träume zu haben?

Wenn wir fühlen, dass einige göttliche Träume uns inspirieren würden, weil wir während der letzten Tage, Wochen oder Monate nicht gut meditieren konnten, dann sollten wir versuchen göttliche Träume zu haben, wenn wir schlafen gehen. In diesem Fall werden sie uns Inspiration schenken und uns helfen, so gut wie früher zu meditieren. Wenn wir jedoch nur von dem Wort „Traum" fasziniert sind und einen

Traum nur wegen des angenehmen Gefühls oder des Vergnügens haben möchten, das er uns gibt, dann hilft er unserem spirituellen Leben in keiner Weise.

Ist es schlecht, wenn ein spiritueller Sucher dafür betet, spirituelle Träume zu haben?

Für einen normalen Sucher ist es nichts Schlechtes, zu Gott um spirituelle Träume zu beten. Träume sind notwendig, genauso wie Erfahrungen notwendig sind. Wenn du allerdings keine Träume oder keine Erfahrungen hast, so bedeutet das nicht, dass du für das spirituelle Leben nicht geeignet bist. Es gibt Menschen, die nie innere Erfahrungen haben. Sie verfluchen sich und glauben, Gott sei nicht zufrieden mit ihnen. Aber weit gefehlt! Gott ist äußerst zufrieden mit ihnen. Wenn ich zum Beispiel zu einer Tür gelangen möchte, gibt es zwei Möglichkeiten. Die eine besteht darin, dass ich ganz bewusst zur Tür gehe. Mein berechnender Verstand sagt, dass ich vier oder fünf Schritte machen muss um sie zu erreichen: eins, zwei, drei, vier, fünf. Jeder Schritt ist für mich eine Erfahrung. Wenn mein physischer Verstand in jedem Augenblick, in dem ich auf mein Ziel zugehe, überzeugt sein will, dann kann ich sagen, dass Schritt eins eine Erfahrung ist, Schritt zwei ist eine Erfahrung und so weiter. Wenn ich jedoch weiß, dass mein Ziel mich erwartet, ist es für mich gar nicht notwendig, jeden Schritt zu zählen oder bei jedem Schritt auf dem Weg bewusste Erfahrungen zu machen. Was in meinem Fall wichtig ist, ist nur mein Ziel. Ich gehe einfach zu meinem Ziel und dort erwartet mich Gott.

Träume und Erfahrungen können als vorbereitende Schritte dienen. Aber sie sind keinesfalls notwendig. Der menschliche Verstand möchte immer überzeugt werden und bei jedem Schritt, den er tut, Freude empfinden. Wenn wir jedoch in der Seele oder im Herzen leben, dann brauchen wir Erfahrungen und Träumen nicht diese Bedeutung beizumessen. Sie sind dann nicht notwendig, weil Gott uns auf Seine eigene Weise vorbereitet. Wenn Er uns keine überzeugenden Erfahrungen geben möchte, so ist das nicht schlimm. Aber es ist auch nicht schlimm, wenn wir zu Gott beten, um überzeugende Erfahrungen oder süße Träume zu erhalten. Schließlich wird der Tag kommen, an dem wir Gott unser höchstes Gebet darbringen werden: „O Gott, wenn es Dein Wille ist, dann gib mir Träume. Wenn es Dein Wille ist, dann gib mir Erfahrungen. Und wenn Du mir keine Träume oder Erfahrungen geben willst, so liegt das ganz bei Dir. Mach mich nur würdig, Dein Mitleid zu empfangen. Und wenn Du mich Deines Mitleids nicht würdig machen willst, so liegt das auch bei Dir. Mach mit mir einfach, was du willst. Lass Deinen Willen in mir und durch mich geschehen. Mir ist nichts anderes wichtig als Deine eigene Erfüllung in mir und durch mich." Wenn wir auf diese Weise beten können, dann kommt Gott zu uns und sagt: „Sei kein Bettler. Schreie nicht nach Träumen, schreie nicht nach Erfahrungen. Nimm mich, die Wirklichkeit selbst."

Die Geburt
meines silbernen Traum-Herzens
verkündet den dauerhaften Sieg
meines goldenen Wirklichkeits-Lebens.

Träume aufschreiben

Ist es sinnvoll, seine Träume aufzuschreiben?

Es kann dir viel bringen, wenn du deine Träume am Morgen aufschreibst, vorausgesetzt, es handelt sich um gute, ermutigende, erfüllende Träume. Jeder Traum ist wie eine Blüte auf einem Baum. Jede Blüte fügt der Schönheit des Baumes etwas hinzu. Wenn du einen Traum hast, solltest du fühlen, dass dein Lebensbaum eine Blüte hervorgebracht hat, eine Blüte der Freude, eine Blüte der Dankbarkeit, eine Blüte der Schönheit oder eine Blüte des Friedens, die du dem Supreme zu Füßen legen kannst.

Sollte ich versuchen, meine Träume aufzuschreiben und zu analysieren?

Es hilft dir, wenn du deine Träume aufschreibst, aber du solltest sie nicht analysieren. Nur ein spiritueller Meister kann deine Träume analysieren. Wenn du inspirierende Träume hast, kannst du sie aufschreiben – auf Papier oder auf die Tafel deines Herzens. Wenn du dann einmal traurig, niedergeschlagen oder enttäuscht bist und deine inspirierenden Träume liest, wird dein Bewusstsein sofort zu den höchsten Höhen emporgehoben. Wenn du jedoch analysierst, benützt du deinen begrenzten Verstand und die ganze Bedeutungsfülle, die subtile Essenz des Traumes wird sofort verschwinden. Die ganze tiefere Bedeutung des Traumes, sein Sinn, seine Größe und sein Potential – alles was an ihm göttlich und wesentlich ist – wird ihm genommen. Benütze nicht deinen Verstand. Analysiere nicht und untersuche nicht. Bewahre den Traum einfach in deinem Herzen. Liebe ihn und schätze ihn. Sobald du dann einmal ein Opfer ungöttlicher Kräfte wirst, kannst du den Traum wieder hervorholen. Dann schau in den Spiegel und sieh, wie göttlich du geworden bist.

Wenn der Verstand
zur Selbst-Beobachtung bereit ist,
sieht er Gott den Träumenden
in ihm tanzen.

Wie sich negative Träume auf uns auswirken

Wirkt es sich auf unser spirituelles Leben nachteilig aus, wenn unser Bewusstsein während der Träume niedrig und ohne inneres Streben ist?

Wenn unser Bewusstsein während unserer Träume niedrig und ohne inneres Streben ist, wirken sich diese Träume negativ auf den Sucher in uns aus. Sie schaden unserem inneren Leben. Wenn wir solche Träume haben, ist es das Beste, am nächsten Tag aufrichtiger, hingebungsvoller und seelenvoller zu meditieren. Auf diese Weise können wir verhindern, dass diese ungöttlichen Träume in uns eindringen und wir können ihren Angriff aufhalten. Träume von niedrigen Bewusstseinsebenen beeinträchtigen unseren inneren Himmel besonders. Sie verhängen unseren mentalen Himmel und zerstören unser inneres Streben oder unser dynamisches Vitales und sie versuchen sogar, unsere körperliche Gesundheit zu ruinieren.

Macht die Seele durch negative Träume Erfahrungen, die ihr in ihrer Entwicklung helfen, so wie es durch die realen Erfahrungen des Lebens geschieht?

'Negativer Traum' ist ein sehr komplizierter Ausdruck. Dass ein positiver Traum etwas Inspirierendes ist, etwas, das in und durch uns strebt, wissen wir. Aber negative Träume können unterschiedlicher Art sein. Wenn jemand aufgrund mangelnder Strebsamkeit vom niederen vitalen Leben, vom sexuellen Leben träumt, so helfen diese Träume der Seele überhaupt nicht. Wenn jemand aber träumt, dass er sich bemüht, etwas zu tun, zum Beispiel zu studieren, aber bei seiner Prüfung durchfällt, oder wenn er rein und ergeben sein will, aber sein Wunsch nicht erfüllt wird, dann können diese negativen Träume durchaus positiv wirken. Diese negativen Erfahrungen, diese vorübergehenden Schmerzen stehen einem nicht im Weg, wie es bei Erfahrungen im äußeren Leben der Fall wäre. Man leidet zwar fünf Minuten lang, aber wenn man erwacht, ist man entschlossen zu handeln und Erfolg zu haben. Neue Entschlossenheit und neues Streben fließen in den Sucher ein und machen ihn stärker und kräftiger.

Wir sollten diese Träume als Erfahrungen betrachten, die manchmal dazu dienen, uns stark zu machen. Der Sohn eines Boxers kämpft mit seinem Vater. Der Vater lehrt ihn boxen und dabei schlägt der Vater auf den Sohn ein und lässt ihn zu Boden gehen. Oder ein Ringer lehrt seinen Sohn ringen und der Sohn wird hin- und hergezerrt und zu Boden geworfen. Diese Erfahrungen mit den Härten des Lebens helfen der Seele, weil sie alles, was unsere Existenz ausmacht – das Physische, das Vitale, den Verstand und das Herz – durch diesen Kampf des Lebens stark machen. Diese Erfahrungen verstärken die Wirklichkeit und das Licht der Seele, denn je stärker die Seele wird, desto mehr Gelegenheit erhält sie, durch den Menschen für die Manifestation ihres eigenen Lichtes zu wirken.

Negative Träume dieser Art helfen der Seele zweifellos, genauso wie ihr Träume von Fortschritt und Erfolg helfen. Wenn der Traum nur vom Erfolg in der vitalen Welt handelt, gewinnt die Seele allerdings nichts. Doch wenn der Erfolg durch die eigenen göttlichen Eigenschaften, durch Aufrichtigkeit und Hingabe erlangt wird, dann gewinnt die Seele. Und wenn der Traum von Fortschritt im spirituellen Leben handelt, wird dieser geträumte Fortschritt der Seele ebenfalls beträchtlich helfen.

Nur ein echter von Gott träumender Sucher
kann schließlich
ein Frieden manifestierender Gottliebender
werden.

5. Das Deuten von Träumen

Die spirituelle Deutung von Träumen

Jedes Herz ist die Schönheit eines Gott-Träumenden.
Jedes Leben ist die Wonne eines Gott-Liebenden.

Haben Träume etwas mit Ehrgeiz zu tun?

Träume können viel mit Ehrgeiz zu tun haben. Es gibt normalerweise zwei Arten von Ehrgeiz. Die eine Art ist der Ehrgeiz von Napoleon, Cäsar und Alexander dem Großen. Als Cäsar sagte: „Veni, vidi, vici - ich kam, sah und siegte", war das der Ehrgeiz des Vitalen. Spiritueller Ehrgeiz jedoch sagt: „Ich sah, ich liebte und ich wurde." Mit dem Ehrgeiz des Vitalen versuchen wir, andere niederzutreten und zu beherrschen, doch mit spirituellem Ehrgeiz versuchen wir, mit anderen untrennbar und in allumfassender Weise eins zu werden. Diese Art von Ehrgeiz ist gut.

In der äußeren Welt bist du ein Pilot. Wenn du fliegst und dabei fühlst, dass dein Bewusstsein im Himmel der Unendlichkeit und Ewigkeit fliegt, dann fliegst du in etwas Unendliches hinein. Aber wenn dein Ehrgeiz oder dein Bestreben nur darin besteht, von einem Ort der Erde zu einem anderen zu gelangen, dann ist dein Ziel begrenzt. Es ist kein Ziel, das sich ständig transzendiert. Wenn du also träumst, dass du etwas tust, das sich ausdehnt, das über sich selbst hinausgeht, dann birgt dieser Traum spirituellen Ehrgeiz in sich. Wenn bei dem Traum jedoch Anfang und Ende zusammenliegen, wenn du dein Ziel kennst, dann kannst du nicht sehr weit gelangen. Der Ehrgeiz, der dich bindet und der

Ehrgeiz, der dich befreit oder dir ein Gefühl von Unendlichkeit gibt, sind zwei verschiedene Dinge. Wenn du träumst, versuche zu fühlen, dass du in die Welt der Schönheit, des Friedens, des Lichts und der Seligkeit eintrittst, wo alles ständig in unendlichem Maße wächst und wo alles seine eigene Wirklichkeit transzendiert. Wenn du einen solchen Traum hast, wenn du diese Art von Ehrgeiz hast, dann ist das Erdenleben bedeutungsvoll und fruchtbar und du wirst wirklich zu einem auserwählten Instrument des Supreme, für den Supreme.

Wie kann man am besten etwas über die Bedeutung unserer Träume erfahren? Hilft es, Bücher darüber zu lesen?

Wenn du Bücher über die Bedeutung von Träumen liest, wird dir jedes Buch eine andere Antwort geben. Vielleicht hat jedes Buch auf seine eigene Weise recht. Aber du musst deine eigene Interpretation aus deinen Träumen bekommen. Wenn du einen Traum hast, dann versuche deine eigene Existenz in dem Traum zu fühlen. Versuche zu fühlen, dass du selbst in diesem Traum bist. Jemandem, der täglich meditiert, wird das nicht schwer fallen, denn wenn wir morgens oder abends zehn oder fünfzehn Minuten lang meditieren, dehnen wir unser Bewusstsein aus.

Im Augenblick ist unser Bewusstsein in drei Teile geteilt. Gegenwärtig befinden wir uns im Wachbewusstsein. Doch wenn wir schlafen, haben wir ein anderes Bewusstsein: tiefen, festen Schlaf. Und dann gibt es noch ein drittes Bewusstsein: den Traumzustand. Aber wenn jemand meditiert, dehnt er sein Bewusstsein aus, so dass es alle drei Ebenen umfassen kann.

Wie kann ich meine Träume am besten deuten?

Du musst wissen, von welcher Ebene deine Traum-Visionen kommen. Du siehst möglicherweise etwas von einer bestimmten Bewusstseinsebene aus, während dein Freund dasselbe von einer völlig anderen Bewusstseinsebene aus sieht. Als Sucher bist du im Augenblick nicht in der Lage, deine eigenen Visionen zu erklären. Es gibt viele Bücher über Träume, aber ich rate dir, diese begrenzten Bücher nicht zu lesen. Wenn ich diese Bücher lese, muss ich lachen, denn es gibt keine Standarderklärung für Träume. Du solltest wissen, von welcher Ebene ein Traum kommt. Kommt er von der vitalen Ebene, von der mentalen Ebene oder von der psychischen Ebene? Jede Ebene muss richtig erkannt werden, denn jede Ebene zeigt die Wahrheit auf eine ganz bestimmte Weise.

Was kannst du tun, wenn du nun eine Traumvision hast und keinen Lehrer, der sie dir erklärt? In diesem Fall musst du tief nach innen tauchen, um die wirkliche Bedeutung des Traumes zu erfahren. Jeder Traum bedeutet etwas. Zuerst musst du wissen, von welcher Ebene du den Traum erhältst. Wenn er von der groben, unbewussten Ebene kommt, ist er wertlos. Auch Träume von der vitalen Ebene darf man oft nicht beachten, weil sie eine dunkle und falsche Schwingung mit sich bringen. Wenn dein Traum jedoch von der Ebene des dynamischen Vitalen kommt, dann solltest du fühlen, dass der Traum sich erfüllen wird. Auf der mentalen Ebene gibt es unterschiedliche Orte, unterschiedliche Zustände, aus denen die Träume kommen.

Zuerst einmal musst du eine Erfahrung machen. Wenn du dann das Gefühl hast, es sei notwendig, die Bedeutung der Erfahrung zu kennen und wenn sich dir diese Bedeutung nicht von innen heraus oder über einen Lehrer erschließt, dann ist es das Beste, weiterzustreben. Eines Tages wirst du entweder einen Lehrer finden, der dir helfen kann oder dein inneres Wesen wird dir die Bedeutung deiner Träume offenbaren.

Wenn du die wahre Bedeutung eines Traumes kennst, dann wird dir das natürlich die Inspiration geben, einige Schritte weiterzugehen. Wenn du einen wunderbaren Traum hast und jemand ihn dir richtig erklärt, dann wird es dich inspirieren, tief nach innen zu gehen.

Manchmal erlebst du in deinen Träumen etwas Schreckliches und glaubst, das bedeute, dass dein ganzes Dasein zerstört werde. Das braucht nicht der Fall zu sein. Vielleicht ist dieser Traum nur ein Zeichen für den Tod deines vitalen oder emotionalen Lebens. Aus diesem Grund ist es besser einem Weg zu folgen und einen spirituellen Lehrer zu haben, der sich um dich kümmert, denn dann kannst du die Bedeutung deiner Träume erfahren. Wenn du gute, inspirierende Träume hast, wird dir das für deinen Fortschritt die Stärke eines Elefanten geben, weil du fühlen wirst, dass du etwas erreicht hast. Es ist ein Meilenstein auf deinem Weg. Wenn deine Träume richtig gedeutet werden, bedeutet das einen wirklichen Gewinn für dich.

Ich verdanke die Göttlichkeit
meines goldenen Wirklichkeits-Herzens
der von Reinheit durchfluteten Schönheit
meiner silbernen Träume.

Die Bedeutung von Farben

Farbträume zeigen verschiedene Phasen in unserem Leben an, verschiedene Arten von Bewusstsein, die entweder Fortschritt bedeuten oder zerstörerisch sein können. Schwarzweiß-Träume bedeuten die Vereinigung von Dunkelheit und Licht, Nacht und Tag, negativer, zerstörerischer Kräfte und positiver, konstruktiver Kräfte.

Was hat es zu bedeuten, wenn man im Traum Farben sieht?

Jede Farbe hat eine bestimmte spirituelle Bedeutung. Es kann sein, dass du in deinem Traum keinen Menschen siehst und keine Worte hörst, dass einfach nur Lichtblitze erscheinen. Wenn du in deinem Traum Licht siehst, musst du dir dessen bewusst sein, dass das Licht in dich eintreten und sich in dir und durch dich manifestieren wird. Wenn du die Bedeutung dieses Lichtes kennst, wirst du sofort in der Lage sein, diese Träume zu deuten.

Wenn du reines Weiß in deinem Traum siehst, solltest du dir sofort bewusst sein, dass die göttliche Reinheit und das göttliche Bewusstsein der Mutter in dich eintritt. Die universelle Mutter enthält alle Farben, aber reines Weiß ist ihre Lieblingsfarbe und durch diese Farbe manifestiert sie sich. Ihr Bewusstsein wird als reines weißes Licht zu dir kommen.

Wenn du ein helles Blau siehst, so bedeutet das Unendlichkeit, Spiritualität, große Kraft. Grün bedeutet neues Leben, Vitalität und Dynamik. Wenn du grünes Licht siehst, bedeutet das, dass ein neues Leben angefangen hat. Wenn du die Farbe rot siehst, wirst du wissen, dass göttliche Kraft in dich eintritt.

Flugträume

Was bedeutet es, wenn man im Traum schwerelos fliegt und sich nach dem Aufwachen sehr lebhaft daran erinnern kann?

Wenn du von schwerelosem Fliegen träumst, musst du wissen, dass der Traum in Wirklichkeit in der Welt des Vitalen stattgefunden hat – nicht in der niederen Vitalebene, sondern auf der höheren Ebene des Vitalen, auf der unser Vitales tatsächlich fliegt. Auf der mentalen oder irgendeiner anderen Ebene können wir nicht fliegen, nur auf der vitalen Ebene. Wenn wir mit dieser vitalen Ebenen eins werden, fliegen wir tatsächlich. Und wenn du ein Yogi wirst und auf der vitalen Ebene fliegst, kannst du dir dessen bewusst werden, dass es dein vitales Wesen ist, das fliegt und du kannst deinen physischen Verstand davon überzeugen. Andernfalls wirst du wahrscheinlich denken, dass dein Fliegen ein Zufall sei oder ein Geschenk des Schicksals oder einfach nur Glück. Doch wenn du Gott verwirklichst, spürst du, dass es deine eigene Fähigkeit, dein eigenes Licht ist, das es dir ermöglicht zu fliegen.

Manchmal träume ich, dass ich durch die Luft fliege. Ist das gut oder schlecht?

Das ist sehr, sehr gut. Es bedeutet, dass dein Vitales fliegen kann. Auf der subtilen vitalen Ebene kannst du sehr hoch fliegen, höher als ein Flugzeug. Diese Ebene des Vitalen ist die göttlich vitale Ebene, nicht die niedere Ebene. Wenn du auf der Erde bist, musst du zu Fuß gehen, doch in der inneren Welt kannst du fliegen. Hier im Physischen erhält das

Vitale nicht die Gelegenheit zu fliegen. Aber wenn du im subtilen Vitalen bist, lässt Gott dich fliegen. Sehr gut!

Meine silbernen Träume
sind äußerst kraftvoll und schön,
denn sie erschaffen
meine fruchtbaren Wirklichkeiten.

Fallträume

Was bedeutet es, wenn man in einem Traum fällt? Wenn man zum Beispiel von einer Klippe herabfällt?

Dieser Traum hat drei mögliche Bedeutungen. Wenn du fällst und dabei zu Tode erschrocken bist, bedeutet das, dass dein Bewusstsein völlig eins mit deinem vitalen Wesen geworden ist. Diese Art von Traum hat auf der vitalen Ebene tatsächlich stattgefunden. Wenn du fällst und den Fall genießt, wie ein Kind, das auf dem Trampolin springt, so bedeutet das, dass du mit der strebenden Wirklichkeit unter dir und um dich herum eins wirst. Dieser Traum ereignet sich auf der psychischen Ebene. Wenn du beim Fallen siehst, dass viele Menschen mit aufrichtigem Hunger von unten zu dir hochblicken, dann bedeutet das, dass du von oben Licht herabbringst, um die strebende Menschheit zu nähren. Ein solcher Traum ist sehr außergewöhnlich und gleichzeitig bedeutsam. Er findet nur auf der Ebene der Seele statt.

Wenn ich schlafe, habe ich das Gefühl, von einer Klippe zu fallen und wache dadurch sofort auf. Was bedeutet das?

Dieses Gefühl kann auf zwei verschiedene Arten gedeutet werden. Entweder gibt dir eine göttliche Kraft Energie, damit du tief in dein Wesen hineintauchen kannst, um dein Körperbewusstsein zu erleuchten und Gott in allen Teilen deines Wesens zu erfüllen oder eine ungöttliche Kraft zwingt dich, von der Höhe, die du erlangt hast, herabzufallen, weil sie nicht möchte, dass du die Seligkeit spiritueller Höhe genießt. Wenn du beim Herabfallen keine Todesfurcht hast, sondern im Gegenteil große Energie verspürst, etwas für den Supreme auf der Ebene zu tun, auf der du ankommst, dann bedeutet das, dass eine göttliche Kraft in dir und durch dich wirkt. Wenn du jedoch Angst hast, so bedeutet das, dass du von einer falschen Kraft angegriffen worden bist. Daher rate ich euch immer, zu beten und zu meditieren, damit ihr von den göttlichen Kräften inspiriert und geführt werdet und euer Leben vollständig erleuchtet und vervollkommnet werden kann.

Weine nicht,
ich liebe dich.
Weine nicht,
die Welt braucht dich.
Weine nicht,
Gott träumt immer noch
in dir und für dich.

Sonstige Träume

Träume von Wasser

Was bedeutet es, von einem Ozean zu träumen?

Ein Ozean bedeutet Weite, eine immense Ausdehnung. Wasser bedeutet Bewusstsein. Wenn wir vom Wasser eines Ozeans träumen, so bedeutet dies Bewusstsein in seiner weitesten Ausdehnung. Im Ozean ist Bewusstsein statisch, während es in einem Fluss dynamisch ist. Ein Fluss bedeutet Bewegung. Bewegung auf das Ziel zu. Wenn wir von einem Fluss träumen, können wir fühlen, dass das Bewusstsein auf sein Ziel, das Meer oder den Ozean, zufließt.

Träume mit Tieren

Was bedeuten Träume von Tieren, zum Beispiel von Fischen?

Die okkulte Bedeutung von Fischen ist Gemeinheit. Weil ein Fisch sich im Schlamm eingräbt, um sich dort zu verstecken, sind die meisten Okkultisten der Ansicht, dass Fische Gemeinheit symbolisieren. Ein Fisch will sich nicht ausdehnen. Andererseits können Fische den Menschen dazu inspirieren, im Meer der Erkenntnis und der Weisheit zu schwimmen. Wenn du einen wunderschönen Fisch im Wasser schwimmen siehst, siehst du das Wasserbewusstsein und das kann bedeuten, dass er dich inspirieren will, im Meer des Erkenntnis-Lichtes zu schwimmen.

Kannst du uns noch andere Beispiele von Tierträumen nennen?

Egal von welcher Bewusstseinsebene dein Traum kommt – wenn du ein springendes Reh siehst, so ist das ein Zeichen dafür, dass du in deinem spirituellen Leben sehr schnell läufst. Wenn du einen Elefanten siehst, egal auf welcher Ebene, bedeutet das, dass du in deinem spirituellen Leben enorme Kraft erhältst. Wenn dich im Traum ein Hund beißt, dann bedeutet das, dass du den Glauben an dein spirituelles Leben, an deinen Meister oder an dich selbst verloren hast. Wenn der Hund dir jedoch folgt, so bedeutet das, dass du in deinen Lehrer vollständiges Vertrauen hast und dass du ein gehorsamer Schüler deines Meisters bist. Diese Tierträume kommen im allgemeinen aus der Welt des Vitalen.

Träume von Kämpfen und Verletzungen

Wenn du träumst, dass du verletzt wirst oder dass du kämpfst, so bedeutet das, dass du von ungöttlichen Kräften angegriffen wirst. Diese Kräfte können dich auf jeder Ebene angreifen – auf der physischen Ebene, der vitalen Ebene, der mentalen Ebene oder selbst auf der psychischen Ebene.

Der Angriff und die Verletzung können sich auf jeder Ebene ereignen. Aber wenn du es siehst, so ist es dein Verstand, der es sieht und dich davon überzeugt, dass du verletzt bist.

Wenn du träumst, dass du in einen Kampf verwickelt bist, so bedeutet das, dass du gegen die Unwissenheit kämpfst, wenn der Traum sich auf einer höheren Ebene abspielt. Wenn er von einer niederen Ebene kommt, bedeutet er nur, dass dein eigenes ungöttliches Leben gegen das ungöttliche Leben einer anderen Person kämpft. Wenn man jedoch wie du ein spiritueller Sucher ist, dann bedeutet der Traum von einem Kampf normalerweise, dass man gegen tiefste Unwissenheit kämpft, gegen die Soldaten der Unwissenheit. Du hast bereits Gottes Seite, die Seite von Wahrheit und Licht ergriffen, daher kämpfst du jetzt gegen die Kräfte, die sich gegen dich stellen, gegen deine höchste Verwirklichung von Licht und Wahrheit, gegen die Enthüllung und Manifestation der Göttlichkeit in dir.

Da du ein geborener Träumer bist,
hast du einen besonderen Platz
in Gottes Herzens-Garten.

Atemlos liebe ich Dich,
mein Herr,
in den Träumen meines Herzens.
Schlaflos brauche ich Dich,
mein Herr,
in den Wirklichkeiten
meines Lebens.

6. Träume von deinem spirituellen Lehrer

Wenn du von deinem spirituellen Lehrer träumst, bedeutet das, dass du tatsächlich einen Teil seines Wesens empfängst. Wenn du ihn in einem Traum siehst, so nimmt ihn ein Teil deines physischen, deines vitalen oder mentalen Wesens auf. Anstelle eines Teils kann ihn jedoch auch das ganze Wesen aufnehmen – das ganze physische, vitale oder mentale Wesen. Doch wenn es sich um einen Teil deines physischen Wesens oder das physische Wesen selbst handelt, das noch Unreinheiten enthält, wird es Angst davor haben, den Meister zu empfangen und ihn willkommen zu heißen. Das vitale Wesen oder ein Teil des vitalen Wesens fürchtet sich manchmal vor dem Meister, weil es aggressiv und stur ist. Das mentale Wesen oder ein Teil davon fürchtet sich manchmal, weil es dunkel und eng ist.

Eines Tages jedoch wird der Sucher im spirituellen Leben beträchtlichen Fortschritt gemacht haben. Wenn er jetzt den Meister mit einem Teil seines physischen Wesens oder mit seinem ganzen physischen Wesen aufnimmt, wird er ein Gefühl grenzenloser Freude verspüren – eine Freude, die ihn erweckt und ihn der Welt in seinem Inneren und um ihn herum bewusst werden lässt. Wenn jetzt auch ein Teil seines vitalen Wesens oder das Vitale selbst den Meister aufnimmt, fühlt der Sucher, dass er dem vorausbestimmten Ziel entgegenschreitet und entgegenläuft. Und wenn ein Teil oder das ganze mentale Wesen den Meister empfängt, fühlt der Sucher, dass er fliegt - im Himmel der Unendlichkeit und der Ewigkeit. Fast jeder Teil unseres Wesens kann den Meister in einem Traum empfangen.

Wenn du als mein Schüler von mir träumst, werden alle deine Wesen mit Freude genährt. Das äußere Wesen wird das Ergebnis in ein oder zwei Tagen erhalten. Wenn du zwei, vier oder sechs Monate lang nicht von mir geträumt hast, bedeutet das jedoch nicht, dass du keinen Fortschritt gemacht hast. Wenn du gut meditierst, wirst du dasselbe Ergebnis erhalten. Aber wenn du mich in einem Traum siehst, ist das ein Zeichen: es ist eine zusätzliche Gelegenheit für dich. Diejenigen meiner Schüler, die in meiner Nähe leben, sehen mich sehr oft auf der physischen Ebene. Doch die Traumwelt ist auch eine Welt, in der jemand zu mir kommen kann.

Wenn du mich morgens in einem Traum siehst, bedeutet das oft, dass dein Herz oder deine Seele eine besondere Anstrengung gemacht hat, mit mir in Verbindung zu treten. Oder vielleicht hast du selbst keine Anstrengung gemacht, aber ich möchte dich sehen, weil ich fühle, dass dein Herz besondere Anteilnahme braucht.

Wenn du von mir träumst, so ist es vollkommen richtig, dass ein Teil meines Wesens oder eine meiner Emanationen mit dir in Verbindung steht. Mein physischer Verstand weiß vielleicht nichts davon und braucht es auch nicht zu wissen, aber ein innerer Teil von mir ist sich dessen zweifellos bewusst. Wenn etwas sehr Wichtiges, Ernstes, Bedeutsames, Gefährliches, Beunruhigendes oder Erleuchtendes geschehen ist, dann wird meine Emanation oder mein inneres Wesen die Botschaft davon entweder am selben Morgen oder während des Tages in meinen physischen Verstand bringen. Wenn es sich jedoch nur um die göttliche Nahrung handelt, die du normalerweise jeden Tag erhältst, dann wird es und braucht es mein Wesen mir nicht bewusst zu machen. Wenn du von mir träumst, dann entweder weil ich vorher Bescheid wusste und wollte, dass du den Traum hast, damit du etwas Besonderes erfahren oder tun kannst, oder aber es geschieht aufgrund der Liebe meiner Seele zu dir.

Wenn ich einem meiner Schüler in einem Traum erscheine, so handelt es sich dabei tatsächlich um eines meiner inneren Wesen, eine meiner göttlichen Gestalten. Welche Gestalt ich annehme, hängt von den inneren und äußeren Bedürfnissen des Schülers ab, meistens jedoch von seinen inneren Bedürfnissen. Der Verstand allerdings macht manchmal aus der Erfahrung, die ich seiner Seele innerlich gebe, seine eigene mentale Gestalt.

Feindliche Kräfte können meine Gestalt nicht annehmen. Sie haben aber die Gestalt vieler anderer spiritueller Meister angenommen und ihre engsten und liebsten Schüler getäuscht. Die Kräfte nehmen die Gestalt des Meisters an und sagen den Schülern im Traum, sie sollen etwas Falsches oder Zerstörerisches tun. Wenn sich der Meister auf der physischen Ebene befindet, kann er sich auf einen Schüler, der einen solchen Traum hatte, konzentrieren und erfahren, ob er wirklich in dem Traum gewesen ist oder nicht. Er kann dem Schüler sagen, der Traum sei falsch gewesen, aber der Schüler glaubt ihm nicht immer. Er denkt vielleicht: „Der Meister hat vergessen, was er in der inneren Welt getan hat." Wenn der Schüler dann denselben Traum wieder hat, fragt er sich: „Wem soll ich nun glauben – meinem Traum oder meinem Meister?"

Deine Meditation wird dir sagen, ob etwas wahr ist oder nicht. Wenn ich dir in einem Traum sage, dass du etwas tun sollst, musst du zuerst einmal sicher sein, ob ich es wirklich gesagt habe. Denn manchmal erschafft ihr mit eurem Verstand ein Bild von mir. Zwar kann keine feindliche Kraft meine Gestalt annehmen, aber meine Schüler haben eine sehr starke Vorstellungskraft. Aus eurem eigenen Wunschdenken heraus erschafft ihr euch ein Wesen mit meinem Gesicht und meinem Körper. Wie ein Maler erschafft ihr mich und redet euch ein, dass ich bestimmte Dinge gesagt habe.

Wenn du jedoch während des Tages meditiert und gebetet hast und ich dir in der Nacht erschienen bin und dir eine Botschaft gegeben habe, ohne dass du mich erwartet hättest, und wenn dein Herz dabei von Freude durchdrungen ist, dann wirst du wissen, dass wirklich ich es war. Wenn du bereit bist, mit der Kraft und der Begeisterung eines Löwen aus dem Bett zu springen, dann weißt du, dass ich dir die Botschaft gegeben habe. Selbst wenn ich dich in einem Traum schelte, wirst du eine freudige Erregung empfinden, obwohl du niedergeschlagen wärest, wenn ich auf der äußeren Ebene mit dir schimpfen würde. Diese Erregung muss jedoch vom Herzen kommen, nicht vom Verstand oder vom Vitalen. Wenn du mich in einer schönen oder leuchtenden Gestalt siehst, ist der Traum echt. Wenn du mich jedoch mental erschaffst, wie ein Bildhauer oder Maler, wirst du die Erfahrung anzweifeln. Deine eigene Seele wird im falschen Traum erscheinen und dich vor der anderen Gestalt warnen. Doch wenn du einen reinen Traum von der höchsten Art hast, dann ist es dir nicht möglich ihn anzuzweifeln.

Wenn ich dir etwas in einem Traum sage, der sehr klar und deutlich ist und in dem du mich lebhaft siehst, dann ist es genauso, als gäbe ich dir diese Botschaft auf der physischen Ebene. Wenn es sich um etwas Ernstes handelt, ist es jedoch immer besser, die Angelegenheit auf der physischen Ebene abzuklären. Denn wenn der Traum nur Wunschdenken ist, können wirkliche Probleme entstehen. Wie ich schon erwähnt habe, kann zwar keine feindliche Kraft meine Gestalt annehmen, aber ihr könnt mich aus eurer eigenen Fantasie heraus erschaffen.

Es ist immer ratsam, auf der physischen Ebene auf den spirituellen Lehrer zu hören. Wenn du meinst, er habe dir auf der inneren Ebene etwas mitgeteilt, dann kann er dir leicht auf der äußeren Ebene sagen, ob es wahr ist. Wenn er es verneint, dann solltest du nicht auf den Traum hören.

Manchmal ist es für einen spirituellen Lehrer schwierig, einem Schüler etwas auf der physischen Ebene mitzuteilen. In einem solchen Fall kann er dieselbe Botschaft auch auf der inneren Ebene in einem Traum übermitteln. In Hunderten und Tausenden von Fällen war das so. Wenn der Schüler auf de physischen Ebene zum Meister kommt, sieht er sofort die physische Realität im Meister. In diesem Augenblick kann er den Meister nicht als das Höchste ansehen. Auf der inneren Ebene jedoch, wo es keine mentalen Schranken gibt, sieht der Schüler die wahre Höhe des Meisters – oder zumindest sieht er mehr davon als auf der physischen Ebene. Daher hat der Schüler dort mehr Vertrauen in die Worte des Meisters. Wenn der Meister dort etwas sagt, glaubt es der Schüler.

Manchmal nehmen die falschen Kräfte, die feindlichen Kräfte, die Gestalt spiritueller Menschen oder eines spirituellen Meisters an und erscheinen so im Traum. Manchmal gelingt es ihnen, dabei viel Schlimmes anzurichten. Wie kannst du sie erkennen und wie kannst du den spirituellen Lehrer von den feindlichen Kräften unterscheiden? Das Erste, was du bemerken wirst, wenn eine feindliche Kraft in Gestalt deines spirituellen Lehrers oder eines großen Heiligen im Traum vor dir steht, ist Unreinheit. Wenn du bemerkst, dass die Gestalt keine Reinheit besitzt, wirst du sofort wissen, dass es sich nicht um den Meister handelt, sondern um eine feindliche Kraft, die seine Gestalt angenommen hat. Es ist oft geschehen, dass falsche Kräfte vor einem Sucher erschienen sind und der Sucher sich vor ihnen verbeugte. Du darfst dich in einem Traum niemals, niemals vor jemandem verbeugen, wenn du nicht vollkommen sicher bist, dass die betreffende Person wirklich dein spiritueller Lehrer oder Krishna, Jesus Christus, Buddha oder ein anderer großer spiritueller Meister ist. Denn in dem Augenblick, in dem du die Füße der Gestalt berührst, kann dir diese falsche Kraft auf okkulte Weise einige deiner göttlichen Eigenschaften wegnehmen.

Wenn du also deinen Meister in einem Traum siehst, achte zuerst darauf, ob er eine Flut von Reinheit und den Duft einer Blume oder eine Aura von Licht mit sich bringt. Diese Reinheit können falsche Kräfte nie haben. Wenn du völlige Reinheit und den Duft von Blumen wahrnimmst, kannst du sicher sein, dass eine göttliche Gestalt erschienen ist. Wenn sie jedoch Unreinheit ausstrahlt und dir Angst oder Furcht einflößt, dann kannst du sicher sein, dass es sich um eine Täuschung durch eine falsche Kraft handelt.

Wenn ein spiritueller Lehrer jemandem im Traum erscheint, der noch nicht sein Schüler ist, bedeutet das, dass die Seele der betreffenden Person den Meister schon erkannt hat. Wie ein Magnet zieht die Seele die Liebe, die Anteilnahme, den Segen und die Zuneigung des Lehrers an. Sie zeigt die Gegenwart des Lehrers an. Einige Tage oder auch Monate später werden der physische Verstand und die irdischen, physischen Augen in der Lage sein, den Lehrer zu sehen. Die Seele hat den Lehrer auf der Seelenebene, der inneren Ebene erkannt und diese Wahrheit, diese Wirklichkeit an die Traumebene und das Traumbewusstsein weitergegeben. Aus dem Traumbewusstsein wird diese Wirklichkeit im Laufe der Zeit ins physische Bewusstsein, auf die physische Ebene gelangen. Ein solcher Traum ist ein deutliches Zeichen dafür, dass der Sucher früher oder später seinen Lehrer finden wird.

Mein strebendes Herz
liebt nur einen Ort:
Gottes Traum-überfluteten Garten.

7. Einzelne Traumbeispiele

Ich träumte von meiner älteren Schwester. Sie trug ein grünes Kleid und stand auf einem Weg, der in einer Art Dämmerung lag.

Grün bedeutet neues Leben. Wenn deine Schwester grüne Kleidung trug, bedeutet das, dass neues Leben, neue Hoffnung in ihr erwacht ist. Nun gibt es aber zwei Arten von Dämmerung: die Dämmerung des frühen Morgens und jene des Abends. Welches war es in deinem Traum?

Es war Abend. Zuerst sah ich das Grün und dann bemerkte ich die Abenddämmerung.

Grün bedeutet Inspiration, dynamische Energie, neue Hoffnung, eine neue Identität, neues Leben und das Zwielicht bedeutet eine Mischung aus Licht und Dunkel, halb Licht, halb Dunkelheit. Obwohl deine Schwester Hoffnung und Inspiration hat und sich nach einem neuen Leben sehnt, ist sie nicht ganz bereit, den spirituellen Weg anzunehmen. Sie ist bereit, fünfzig Prozent Dunkelheit und fünfzig Prozent Licht zu haben. Wenn sie jedoch wirkliches, spirituelles Streben besäße, würde sie zu einhundert Prozent Licht wollen.

Sie hat oder hatte die Gelegenheit, dynamisch, frisch und voller Enthusiasmus zu sein und in das Meer des Lichts einzutauchen, aber sie nahm diese Gelegenheit nicht wahr. Sie möchte sowohl die äußere Welt der Dunkelheit als auch die innere Welt der Erleuchtung genießen, was unmöglich ist. Sie wollte zur selben Zeit halb Licht und halb Dunkelheit in ihrem Leben, eine Mischung aus beidem, aber das ist nicht möglich. Entweder hast du Licht oder Dunkelheit – dazwischen gibt es nichts.

Einmal, als ich in einer meditativen Stimmung war, sah ich einen sehr, sehr alten Tempel, in dem viele Menschen Statuen anbeteten. Der Traum hatte sehr starken Wirklichkeitscharakter. Alle Gesichter, die ich sah, waren mir vertraut. Was bedeutet das?

Das war keine Einbildung, du kanntest diese Menschen in deinen früheren Inkarnationen. Einige von ihnen standen dir sehr nahe, andere waren nur flüchtige Bekannte.

Aber wozu ist so ein Traum gut?

Er lässt dich fühlen, dass dies nicht deine erste Inkarnation ist. Du bist schon einmal jemand gewesen und kanntest einige Leute schon früher. Wenn es keine guten Menschen waren, dann wirst du in dieser Inkarnation bessere Menschen kennen lernen. Auf diese Weise wirst du ermutigt. Wenn du in der Vergangenheit etwas nicht getan hast, kannst du es jetzt tun und wenn du es jetzt nicht tust, kannst du es morgen tun. Das ist der Sinn der Reinkarnation, wenn du etwas nicht getan hast, wirst du in einem anderen Leben die Gelegenheit dazu erhalten.

Während der letzten fünf Monate habe ich zwei Mandalas erlebt: Das erste war eine Vision aller Menschen, die ich kannte und das zweite war eine Vision von einem blauen Lotus. Kannst du diese Visionen erklären?

Sie erklären sich selbst. Du hast die Mandalas praktiziert und so hast du die Vision früherer Inkarnationen erhalten. Das ist der Beweis dafür, dass wir frühere Inkarnationen hatten.

Deine Seele bringt Menschen zum Vorschein, zu denen du eine Verbindung hast.

Der blaue Lotus ist der blaue Lotus des Bewusstseins. Wasser verkörpert Bewusstsein. Ein blauer Lotus ist ein Zeichen für das unendliche Bewusstsein in uns. Wenn der Lotus Blütenblatt um Blütenblatt erblüht, bedeutet das, dass der Sucher in das unendliche Bewusstsein eintritt. Blau bedeutet Unendlichkeit und ein Lotus bedeutet Bewusstsein. Das unendliche Bewusstsein erblüht in Form eines blauen Lotus.

Ich träumte, dass ich mich mit jemandem unterhielt und wir über ein weites, fruchtbares Land schauten. Ich sah den Himmel, der wie eine goldene Dämmerung war, wie wenn sich die Sonne über dem Land erhebt und ihr goldenes Licht ausstrahlt.

Der Himmel bedeutet Weite und auch das weite Land bedeutet Weite. Hoch über dir ist Weite und dort, wo du stehst, ist auch Weite. Nur wenn die Weite über dir und die Weite, die dich umgibt, zusammentreffen, wird Erfüllung kommen. Die höhere Weite bedeutet den Himmel und die andere Weite ist die Erde, auf der du lebst. Wenn sich unser Erdenbewusstsein ausdehnt, dann trifft das Himmelbewusstsein, das unendlich weiter als das Erdbewusstsein ist, mit dem Erdbewusstsein zusammen. Wenn sie zusammentreffen, siehst du sofort eine goldene Farbe, die Farbe göttlicher Manifestation. Wenn die Erde empfänglich ist, kann sie das Licht des Himmels aufnehmen. Wenn das Herz der Erde weit ist, kann sogleich das Licht des Himmels einfließen. Dann werden das erleuchtende Bewusstsein des Himmels und das strebende Bewusstsein der Erde eins. Und wenn sie eins geworden sind, ist das die Manifestation der göttlichen Wirklichkeit.

Kurz nachdem ich deine Schülerin wurde, träumte ich von einer sehr stark glänzenden, leuchtend orangefarbenen Schlange. Was bedeutet das?

Dieser Traum ist sehr bedeutungsvoll. Doch die Farbe, die du gesehen hast, war nicht orange, sondern gold. Dieses Gold hat eine besondere Bedeutung. Blau bedeutet Unendlichkeit und Gold göttliche Manifestation.

Eine Schlange bedeutet Energie. Um Lord Shivas Hals siehst du Schlangen und das bedeutet, dass er von Energie umgeben ist. Jede Schlange hat ihre eigene Bedeutung. Wenn sie nicht schwarz sind, sind sie gut. Eine schwarze Schlange bedeutet eine negative Kraft, eine ungöttliche, feindliche Kraft. Wenn du jedoch eine Schlange mit goldener oder roter Farbe siehst, bedeutet die goldene Farbe göttliche Manifestation und das Rot steht für Kraft. Eine goldene Schlange bedeutet die Manifestation göttlicher Energie. Göttliche Energie ist in dich, in dein spirituelles Leben eingedrungen und wollte dich in Form von Manifestation durchfließen. Die erste Manifestation ist deine völlige Hingabe an den Willen des Supreme. Die zweite Manifestation ist dein bewusster und ständiger Dienst für den Supreme. Die dritte Manifestation besteht darin, kein getrenntes Gefühl deiner selbst mehr zu haben, sondern in jedem Augenblick den Supreme zu spüren und zu fühlen, dass du für immer von Ihm und für Ihn bist. Du bist von Seiner Traumwirklichkeit und für Seinen Wirklichkeitstraum.

Ich träumte, ich stünde vor dem Haus meiner Eltern und sah einen alten Freund aus der Zeit, bevor ich zu meditieren begann. Er brachte eine Art schlechte Verfassung in mir zurück, aber ich spielte mit ihm. Urplötzlich stieß ein großer, mächtiger purpurroter Adler aus dem Himmel herab und griff mich an. Ich tötete ihn und fühlte die stärkste Kraft in mir, die ich je in meinem Leben gefühlt habe.

Du kennst die Bedeutung eines Adlers. Ein Adler steigt hoch in die Lüfte, aber sein Bewusstsein ist sehr niedrig. Er ist wie ein Sucher, der vorgibt, beim Meditieren sehr hoch zu fliegen, während sich sein Bewusstsein in der Welt des niederen Vitalen, in der Welt des Klatsches oder jenen anderen ungöttlichen Ort befindet. Als du deinen alten Freund sahst, der immer noch in demselben Bewusstsein war, das du hattest, bevor du mit dem spirituellen Leben begannst, kam dein altes ungöttliches Leben plötzlich wieder zum Vorschein und griff dein spirituelles Leben an. Das ungöttliche Leben besitzt eine gewisse Arroganz und ein Gefühl von Überlegenheit. Nicht nur das göttliche Leben fühlt, dass es überlegen ist. Das Leben des spirituellen Strebens hält sich für das wirkliche Leben, doch das Leben der Wünsche und Begierden, das ungöttliche Leben, hält sich ebenso für das wirkliche Leben. Dein früheres Leben war ein Leben der Wünsche und Begierden, ohne jegliche Strebsamkeit. Obwohl du ein sehr unstrebsames Leben geführt hast, hattest du ein Gefühl von Überlegenheit in dir. Du fühltest dich anderen, die nicht dasselbe taten wie du, überlegen. Du hieltest sie alle für Narren oder Feiglinge, die nichts in ihrem Leben erfahren oder nicht genug Mut haben, sich auf das Abenteuer des Lebens einzulassen. Das war dein Stolz. Sowie der Adler hoch in der Luft fliegt, dabei aber ein niedriges Bewusstsein hat, so bist du hoch hinauf gestiegen und wurdest stolz, hochmütig und arrogant, doch dein Bewusstsein befand sich auf einer sehr tiefen Ebene.

Als du dann das spirituelle Leben annahmst, kam auf einmal deine Seele zum Vorschein. Da du das spirituelle Leben seelenvoll und bewusst angenommen hast, gebrauchte deine Seele ihre Kraft und vernichtete den Adler. Der Adler verkörperte die falsche Art, emporzusteigen. Die Seele wird dich auch hinaufsteigen und in großer Höhe fliegen lassen, aber auf die wahre Art und Weise, durch spirituelles Streben und nicht durch Begierde, Arroganz und ein negatives zerstörerisches Gefühl von Überlegenheit. Es war das Licht deiner Seele, das deine ungöttlichen Eigenschaften in deinem Traum zerstörte.

Ich sah mich einen sehr steilen Hügel hinaufsteigen. Er war grün und sehr üppig bewachsen. Er wurde immer steiler und ich bekam Angst. Aber mit Hilfe einer Person, die ich nicht kannte, ging ich weiter. Als ich fast oben angelangt war, wurde ich von einigen Nonnen abgelenkt, die mir Blumen schenken wollten.

Der spirituelle Weg ist mühsam und steil. Es ist sehr schwierig hinaufzusteigen. Die Wesen die du sahst, waren in Wirklichkeit keine Nonnen, sondern Engel. Doch weil dein physischer Verstand dazwischen trat, hieltst du sie in deinem Traum für Nonnen. Dein Verstand wollte dich nicht fühlen lassen, dass du Engel siehst, weil er dir die größtmögliche Freude nicht gönnte. So ist dein Verstand nun einmal – er zerstört alles. Mit deinem Herzen stiegst du sehr hoch hinauf, doch dein Verstand wollte deine Freude dämpfen und ließ dich die Engel als Nonnen sehen. Wenn er nicht dazwischen getreten wäre, wärst du so glücklich gewesen, Engel mit Blumen zu sehen.

Unmittelbar nach meiner Hochzeit hatte ich einen Traum, in dem ich nur dein Gesicht sah. Es war sehr kraftvoll und dynamisch. Es erschien direkt vor mir und schien mich zu dir zu ziehen.

Sehr gut! Dieser Traum bedeutete, dass es für dich notwendig war, das Leben kraftvoll und mutig anzunehmen. Du hattest ein neues Leben begonnen und spürtest eine subtile Furcht in dir. Daher ließ ich in diesem Traum große Energie in dich einströmen. Diese Energie trat in dich ein und gleichzeitig zog sie dich an wie ein Magnet. Mit meiner Konzentration kam ich bewusst zu deiner Seele, um dir deine Furcht zu nehmen. Du brauchtest Stärke und Dynamik, um in deinem neuen Leben eine Fülle von Wahrheit, Licht und Seligkeit zu ernten.

Ich erinnere mich nicht mehr genau an den Traum, aber es war, als würde ich tief in etwas versinken und als ich wieder herauskam war es, wie wenn man aus der Meditation zurückkommt. Ich wollte fast dort bleiben.

Es war kein richtiges Hinabsinken. Du bist tief nach innen gegangen und hast das Reich deiner Seele betreten, um wirkliche Ruhe und Erfüllung zu finden.

Letztes Jahr hatte ich einen Traum, in dem ich in der Ferne Musik hörte. Als ich aufwachte, hatte ich das Gefühl, entweder tot oder im Himmel zu sein.

Das war eine sehr intensive Erfahrung, die aus der Tiefe deiner Seele kam. Die Musik, die du hörtest, war die Musik der Seele. Sie kann vom äußeren Ohr nicht wahrgenommen werden. Nur unser inneres Ohr kann sie hören. Wenn im normalen Leben das niedere oder emotionale Vitale etwas nicht schätzt oder sich mit etwas nicht identifiziert, haben wir sofort das Gefühl, wir seien tot. Wenn der Köper und das Vitale die Musik der Seele nicht schätzen, sind sie gegenüber dieser Art von Musik, die unser Bewusstsein inspiriert und erhebt, tot. Wenn also das Physische von der Seele – der Musik der Seele, dem Licht der Seele – getrennt ist, ist das Physische tot. Das heißt nicht, dass du tot bist, aber wenn der Körper nicht strebt und die Seele nicht als seine Quelle akzeptiert, dann fühlen wir, dass der Körper wie ein toter Soldat ist oder so gut wie tot.

Als ich jünger war, träumte ich oft, ich würde über ein Feld springen und die Sprünge würden zu Zeitlupenbewegungen werden. Ich sprang sehr weit, berührte kurz den Boden und sprang wieder hoch. Manchmal hob ich auch ab und flog umher. Seit ich ein spirituelles Leben begonnen habe, hatte ich einen ähnlichen Traum, in dem ich mich auf dem Gehweg in einer Menschenmenge befand, die sich nur sehr langsam fortbewegte. Ich wollte jedoch schneller gehen und so begann ich einfach zu fliegen. Doch sobald ich an die Menschen dachte, konnte ich mich nicht mehr in der Luft halten und musste herabkommen.

Sehr gut. Dieser Traum, diese Erfahrung spielte sich auf der vitalen Ebene ab. Das Physische fliegt nicht, aber das subtile Physische und das Vitale können auf der subtilen Ebene fliegen. Eine solche Erfahrung des Fliegens habe ich in meiner Kindheit Hunderte von Malen gehabt. Ich sah, dass es sehr leicht war. In der vitalen Welt kannst du wie ein Weltmeister fliegen. Du brauchst keine Flügel dazu. Du hast das Gefühl, dass dein Grobphysisches fliegt, aber in Wirklichkeit fliegst du nur in der vitalen Welt. Als ich vierzehn oder sechzehn Jahre alt war, flog ich sehr, sehr hoch und sah dort oft andere, die wie Flugzeuge flogen. Manchmal vollführte ich alle möglichen Kunststücke, aber das fand alles auf der vitalen Ebene statt. Du kannst das genauso – jeder kann es, sobald er ein wenig Kontrolle über die vitale Ebene hat.

Ich träumte, wie ich einen Raum betrat. Ich sah dich mit all deinen Schülern und alle hatten Flügel.

Flügel bedeuten, dass die Schüler große innere Strebsamkeit hatten, die sie emportrug. Es waren nicht die Flügel von Engeln oder von einem Vogel, sondern emporsteigende Strebsamkeit, die sehr hoch hinauffliegt, unendlich viel höher als ein Vogel. Es ist völlig richtig, dass meine Schüler mit höchster Aufrichtigkeit versuchen, die Kraft ihres inneren Strebens zu entwickeln und zu vergrößern. Sie besitzen intensive Strebsamkeit. Schüler, die streben, haben diese inneren Flügel, die man Strebsamkeit nennt.

Ungefähr vor eineinhalb Jahren träumte ich, ich würde durch die Erde hindurch fallen und irgendwo gefangen genommen werden. Dann musste eine Gruppe von uns – ich und einige Mitgefangene – gemeinsam versuchen, sich aus dem Gefängnis zu befreien.

Das Gefängnis ist das Gefängnis der Unbewusstheit, in der es kein Licht gibt, keine Hoffnung, nichts, absolut nichts.

Das Gefängnis der Unbewusstheit ist ein Reich der Zerstörung. Du bist aus ihm entkommen, weil in dir etwas sehr Aufrichtiges, Seelenvolles, Hingebungsvolles ist. Der bedingungslose Segen des Supreme ist in diese Unbewusstheit eingedrungen und hat dich zurückgebracht. Du bist herausgekommen, weil die göttliche Gnade, die bedingungslose Gnade des Höchsten dich gerettet hat.

Guru, ich hatte einen Traum von Anandamayi Ma. Sie gab mir vier Bilder. Die beiden mittleren waren weiß. Das erste war ein Bild des Meisters meines früheren Meisters und das letzte konnte ich nicht erkennen.

Sehr gut! Es gibt viele, viele falsche Lehrer auf der Welt, aber Anandamayi Ma ist eine der absolut aufrichtigen spirituellen Meister, die tatsächlich Gott verwirklicht haben. Ihr hört von Hunderten von spirituellen Meistern, aber ich sage euch, dass ihr Gott früher verwirklichen werdet als viele von ihnen. Anandamayi Ma jedoch ist eine der sehr, sehr wenigen, die tatsächlich Gott verwirklicht haben und voller Autorität über Gott sprechen können.

Ich habe eine sehr enge innere Beziehung zu ihr. Auf der äußeren Ebene haben wir uns nur einmal gesehen, vor vielen Jahren und damals sprachen wir nicht einmal miteinander. Wir standen nur nahe beieinander und blickten uns an, das war alles. Aber in einer Sekunde taten wir viel auf der inneren Ebene, obwohl wir äußerlich keine Zeit hatten. Zuhause schrieb ich dann ein sehr schönes Gedicht über sie, in dessen erste Zeile ich das Wort *Nirmala* gebrauchte. Ob ihr es glaubt oder nicht – damals kannte ich nicht einmal ihren bürgerlichen Namen. Später las ich ihre Biographie und erfuhr vieles über sie. Auf der ersten Seite sah ich ihren Namen, *Nirmala.*

Um auf deinen Traum zurückzukommen: die weiße Farbe bedeutet Reinheit. *Nirmala* bedeutet ebenfalls Reinheit. Von den vier Bildern gab sie dir zwei weiße, welche Reinheit verkörperten. Sie gab dir die höchste, transzendentale Reinheit und warnte dich in Bezug auf die Reinheit des Meisters und der anderen Personen, die du nicht erkennen konntest.

Ich trug mit jemandem eine große Schachtel und wollte sie zu dir bringen. Doch dann kamst du und sagtest, dass das falsch sei.

Du übernahmst unbewusst die Verantwortung für jemand anderen und brachtest ihn zu mir und ich sagte dir, es sei falsch, dies zu tun, weil der Betreffende dir eine Verantwortung nicht übergeben will.

Du hast das Gefühl, es sei deine Pflicht, mir die Last zu bringen, was hier bedeutet, eine Person, die in dein Leben verwickelt ist. Du wolltest diese Person zu mir bringen, und ich sagte dir, dass es überhaupt nicht notwendig sei, weil die Stunde für den Betreffenden noch nicht gekommen ist, unserem Weg zu folgen. Für ihn ist es nichts als eine Belästigung, denn er ist für das spirituelle Leben nicht bereit, besonders nicht für unseren Weg. Wenn du tief nach innen gehst, wirst du wissen, um wen es sich handelt.

Seit einigen Tagen höre ich morgens im Schlaf einen Vogel wunderschöne Melodien singen, wie von einer Flöte. Doch wenn ich aufwache, kann ich mich an diese Melodien nicht mehr erinnern.

Dieser Vogel ist deine Seele und die Melodien kommen von deiner Seele. Wenn du schläfst, hat dein Bewusstsein freien

Zugang zu deiner Seele. Aber wenn du erwachst, kehrst du in dein normales Leben zurück und kannst diesen freien Zugang nicht aufrecht erhalten, weil dein physisches Bewusstsein nicht mit deiner Seele in Berührung ist. Wenn du jedoch eine sehr tiefe Meditation hast, bevor du zu Bett gehst, wirst du fähig sein, am nächsten Morgen das Bewusstsein deiner Seele zu bewahren. Versuche während deiner Meditation zu fühlen, dass du nicht der Köper sondern die Seele bist und dass du nur für die Seele existierst. Dann wirst du dich leicht an die Melodien erinnern können, die du gehört hast.

Ich habe mich immer sehr für Philosophie interessiert. Einmal hatte ich im Schlaf das Gefühl, dass Sokrates und Benjamin Franklin zwei Inkarnationen derselben Seele seien. Kann man einem Traum, der so klar zu sein scheint, trauen?

Es hängt von deiner eigenen Entwicklung ab. Heute sagst du, Sokrates sei Benjamin Franklin gewesen, morgen sagst du vielleicht, er sei Aristoteles oder jemand anderes gewesen und viele andere Namen werden dir durch den Kopf gehen. Wenn es sich nur um einen gewöhnlichen Traum oder eine Art Aufblitzen handelt, dann miss ihm bitte keine Bedeutung bei. Wenn es jedoch wie eine Vision vor dir entsteht, dann ist es etwas Wahres und du wirst davon profitieren können.

Das spirituelle Leben ist etwas viel Tieferes als das philosophische Leben. Die Philosophie kann unmittelbar bis zum Tor vor Gottes Palast gelangen, doch sie kann nicht in ihn eintreten. Spiritualität hingegen kann Gottes Palast betreten. Die Philosophie hilft, indem sie eine Art höheres Denken erschafft, aber die wirkliche Erfahrung Gottes, das

Gefühl, mit Ihm eins zu werden, kann Philosophie niemals erreichen. Das ist nur durch unsere spirituelle Praxis, durch unser spirituelles Leben möglich.

Liebe deinen großen Traum
oder unterwirf dich
deiner kleinen Wirklichkeit.
Triff die richtige Wahl,
wenn du dauerhaft
glücklich sein möchtest.

8. Traum-Visionen

Die Wirklichkeit - ein Traum Gottes

Sehr glückliche und beseligende Träume können dich zur Meditation ermutigen und anspornen. Andererseits kann es geschehen, dass du nach dem Aufwachen selbst noch während deiner Meditation in Gedanken weiter deinem Traum nachhängst. Du sahst vielleicht ein wunderschönes goldenes Ufer und du wirst dir vorstellen, dort zu sein, während dein wirklicher innerer Schrei nicht hervorkommt. Oft haben Sucher sehr hohe Träume gehabt und versucht, in dieser Welt zu bleiben, aber dann verschwand die echte Intensität ihrer Meditation. Ein inspirierender Traum kann dir allerdings auch das Gefühl vermitteln, dass das Goldene Ufer kein Traum, sondern eine Wirklichkeit ist. Dann wirst du sagen: „Ich will hart arbeiten, um es zu erreichen."

Warum können Träume manchmal inspirierender sein als die Wirklichkeit?

Jeder Mensch ist der Ansicht, dass ein Traum unendlich viel inspirierender ist als die Wirklichkeit. Die unmittelbare Wirkung eines Traumes auf unseren Verstand besteht darin, dass er uns Inspiration schenkt. Das kommt daher, dass uns in unserer Traumwelt alle Fähigkeiten unserer Seele zur Verfügung stehen. Wir können dort viele Dinge tun oder sehen, die wir während der Stunden, die wir wach sind, nicht tun oder sehen können. Wir können ungehindert viele Reiche betreten, die uns zu anderen Zeiten verschlossen bleiben.

Wenn du die innere Fähigkeit entwickelst, nach Belieben in all diese Reiche einzutreten, wirst du sehen, dass Traum und Wirklichkeit eins geworden sind. Dann werden Wirklichkeit und Traum gleichermaßen inspirierend sein.

Kann ein spiritueller Traum so gut sein wie eine Meditation?

Es gibt eine Art von Traum, die einer Vision gleichkommt. Wenn du einen Traum hast, der einen bevorstehenden neuen Anfang, eine neue Geburt ankündigt, dann ist dieser Traum nichts Geringeres als eine Vision und ebenso gut wie eine hohe Meditation. Wenn du diese Art von Vision hast, kannst du Gottverwirklichung erhalten, wenn es Gottes Wille ist. Sri Ramakrishna pflegte zu sagen, dass der Supreme dir ein Stück Verwirklichung geben kann, wenn du eine Vision höchsten Ranges hast. Ein solcher Traum ist nicht nur so gut wie eine Meditation, sondern geht weit darüber hinaus. Er ist eine Vision höchster Ordnung, eine kleinere Verwirklichung.

Sind visionsartige Träume eine lebendige Wirklichkeit?

Ein Traum, der wie eine Vision ist, ist eine lebendige Wirklichkeit. Aber darüber hinaus ist diese Vision oder diese Wirklichkeit auch ein Zeichen für einen bedeutenden Fortschritt auf unserer Lebensreise dem ewig sich transzendierenden Jenseits entgegen oder auch ein Zeichen für die Meisterschaft unseres Herzens-Lebens über das Unwissenheits-Meer des Lebens.

Welche Beziehung besteht zwischen einer Vision und der Wirklichkeit?

Die Beziehung zwischen einer Vision und der Wirklichkeit ist äußert süß, bedeutungsvoll und unschätzbar. Was wir heute eine Vision nennen, wird morgen Wirklichkeit. Doch diese Erfahrung machen wir nur, wenn wir uns auf der physischen Ebene, der vitalen Ebene, der mentalen Ebene oder der psychischen Ebene befinden. Wenn wir uns auf einer sehr, sehr hohen Ebene befinden – der Ebene der Seele, oder auf einer noch höheren Ebene, wie jener der kosmischen Gottheiten, dann sind Vision und Wirklichkeit untrennbar. Auf den anderen Ebenen sind Vision und Wirklichkeit zwei verschiedene Dinge, die letztlich eins werden, doch auf der Ebene der Seele oder einer noch höheren Ebene sind sie schon eins. Auf anderen Ebenen spielen sie Verstecken. Doch in den höheren Regionen kannst du sehen, dass sie nicht voneinander getrennt werden können.

Wie nützlich sind Träume für unser spirituelles Leben?

In unserem spirituellen Leben können Träume sehr nützlich sein, vorausgesetzt, sie inspirieren, ermutigen und erleuchten. Wir sollten fühlen, dass ein Traum ein Samen ist, der im Laufe der Zeit aufgehen wird. Wir müssen fühlen, dass wir nichts Geringeres als Gottes eigener Traum sind, der sich entfaltet, um das Unwissenheitsleben der Erde in das Vollkommenheitslicht des Himmels zu verwandeln.

Der Traum Gottes ist der göttliche Traum, der ein Vorläufer der Wirklichkeit ist. Sobald wir Gottes Traum sehen, verwandelt er sich sofort in Wirklichkeit. Wenn du eins wirst mit Gott, siehst du, dass Gottes Traum die Wirklichkeit selbst verkörpert. Es besteht ein großer Unterschied zwischen menschlichen Träumen und Gottes göttlichem Traum. Menschliche Träume sind nur mentale Fantasien, Gedanken, Ideen und Erfindungen. Manchmal werden wir auch Opfer von feindlichen Kräften, die uns alle möglichen schrecklichen Dinge träumen lassen. Manchmal wiederum erschaffen wir unsere eigenen Fantasien, die in Form von Tagträumen Gestalt annehmen.

In Gottes Fall ist sein Traum wie ein Deckel auf einem Kästchen: du hebst einfach den Deckel hoch und findest darin die Schätze, Gold und Diamanten.

Mit Seinem Traum tritt Gott in die Welt Seiner Erfüllung ein, die wir die ständige Manifestation der Wirklichkeit nennen.

Die höchste Wirklichkeit ist die Umwandlung der menschlichen Natur, die im Augenblick halb tierisch und halb göttlich ist. Die höchste Wirklichkeit kann hier auf der Erde manifestiert werden, doch es wird einige Jahrhunderte dauern, oder vielleicht auch viel länger. Das bedeutet jedoch nicht, dass wir still und tatenlos verharren müssen – ganz und gar nicht! Jeden Tag werden wir versuchen, in Gottes Traumboot zu segeln und zu sehen, wohin das Boot uns trägt. Wenn wir bewusst und ständig in Gottes Traumboot sitzen, wird uns dieses Boot langsam, stetig und unfehlbar zu Gottes Wirklichkeitsufer tragen. Dieses Wirklichkeitsufer ist nicht irgendwo im Himmel, es ist hier in unserem alltäglichen Leben, in unseren Gedanken und unseren Handlungen, in unserer ganzen Existenz hier auf der Erde.

Einssein
ist die vollkommene Ausdehnung
unserer inneren Wirklichkeit.
Lasst uns das Einssein
unseres Herzens beständig ausdehnen,
um uns fühlen zu lassen,
dass wir einer universellen Welt-Familie angehören
und diese Welt-Familie
ist ein erfüllter Traum Gottes.

Selbst-Beobachtung ist der Anfang
der Selbst-Vervollkommnung.
Selbst-Vervollkommnung ist der Anfang
der Gott-Erfüllung.
Gott-Erfüllung ist der Anfang
von Gottes neuem Traum.

Der Traum verwandelt den Einzelnen

Sri Chinmoy im Gespräch mit ZDF-Kulturchef Karl Schnelting

Telefon-Interview vom Februar 1984, erschienen in „Hilfe, ich träume", Goldmann Verlag, Hrsg. Karl Schnelting

Karl Schnelting: In der christlichen Tradition und zwar sowohl in der Bibel wie in der Geschichte der Christenheit, ist die Haltung zum Traum nicht einheitlich. Die Anerkennung des Traums als Form unmittelbar göttlicher Offenbarung mischt sich mit der Warnung vor dem trügerischen oder gar dämonischen Charakter der Träume. Kann der Traum sowohl das eine wie das andere sein?

Sri Chinmoy: Nehmen Sie das Beispiel eines Messers. Sie können damit jemanden angreifen. Sie können damit aber auch eine Frucht zerteilen, um sie mit einem anderen zu teilen. Ebenso kann der Traum einem guten oder schlechten Zweck dienen. Wie ein Traum zu beurteilen ist, hängt davon ab, von welcher Bewusstseinsebene er kommt. Es gibt verschiedene innere Ebenen, niedrigere wie höhere.

Karl Schnelting: Woran erkennt man die Ebene eines Traumes?

Sri Chinmoy: Sehen Sie, ich kann kein Wort Deutsch. Aber wenn ich die Sprache einige Jahre studiere, werde ich sie kennen. Wenn jemand betet und meditiert, lernt er auch eine Sprache, das heißt, er wird vertraut mit den verschiedenen Bewusstseinsstufen und erkennt schließlich, auf welcher

Ebene sich ein Traum abspielt, ob auf der grob physischen, der vitalen, der mentalen, der psychischen oder auf der transzendentalen Ebene der Seele. Und wer weiß, ob ein bestimmter Traum von Gott inspiriert ist oder aus niederen Bereichen kommt.

Natürlich ist auch ein echter spiritueller Meister in der Lage, den Traum eines anderen zu deuten und zu sagen, aus welcher der verschiedenen Traumwelten er kommt; je nachdem hat derselbe Traum eine ganz unterschiedliche Bedeutung. Allerdings muss man sehr darauf achten, dass man den Traum in der Erinnerung oder beim Erzählen nicht entstellt oder unscharf werden lässt.

Karl Schnelting: Können sie denn doch allgemein etwas über die verschiedenen Traumebenen sagen?

Sri Chinmoy: Träume aus den niederen Schichten des Unbewussten sind ohne Wert, sie können uns nicht inspirieren. Träume auf der physischen Ebene können gut oder schlecht sein, je nachdem, ob sie von höheren Ebenen Licht erhalten. Ein Traum auf der niederen Vitalebene bedeutet ständige Bewegung, Unruhe, Aufregung, er erscheint verrückt, chaotisch, durcheinander. Er ist wie ein Schlachtfeld, hier wird zerstört und getötet. Das Beste, was man tun kann, ist den Traum zu vergessen. Oft realisiert sich ein Traum der vitalen Ebene später in der physischen Wirklichkeit, denn die physische und die vitale Ebene sind sich am nächsten, in der höheren Vitalebene kann man fliegen. Flugträume finden zum Beispiel stets in der vitalen Ebene statt, Tierträume fast immer.

Auf der mentalen Ebene herrscht schon etwas Gleichgewicht, etwas Ausgeglichenheit und Ruhe. Kommt ein

Traum aus der psychischen Ebene, empfinden wir Zuneigung, Mitgefühl und Sorge für die Personen, die wir sehen. Und spielt der Traum schließlich auf der seelischen Ebene, dann ist alles Frieden, Licht und Freude.

Karl Schnelting: Ist nach Ihrer Auffassung bei Träumen auf der seelischen Bewusstseinsebene die ewige Seele im religiösen Sinne im Spiel?

Sri Chinmoy: Ja, ich spreche von der Seele als Vertreter Gottes. Ihre Möglichkeiten sind unbegrenzt, weil sie eins ist mit dem höchsten Wesen, mit dem Unendlichen. Unsere Seele ist die am weitesten entwickelte Realität, danach kommt das Herz, dann der Verstand, dann das Vitale und schließlich das Physische.

In solchen Träumen verfügen wir über alle Fähigkeiten der Seele, die nicht in Raum und Zeit eingesperrt und frei von allen körperlichen Begrenzungen ist. Wir können viele Dinge sehen und tun, die wir im Wachzustand nicht sehen und tun können. Wir können uns frei in den verschiedenen spirituellen Bereichen bewegen.

Karl Schnelting: Danach wären solche Träume wie eine Brücke zum Transzendentalen und nähmen einen unglaublich hohen Rang ein?

Sri Chinmoy: Das ist völlig richtig. In einem solchen Traum geschehen sehr wichtige Dinge, er erleuchtet und verwandelt den Einzelnen zum Segen aller Menschen. Die Seele ist wie das liebste und schönste Kind der reichsten Eltern, die es stets mit Liebe, Frieden und Glück beschenken wollen.

Karl Schnelting: Aber verzeihen Sie, wie können die Menschen, deren Bewusstsein sich nun einmal mit unserer körperlichen Existenz identifiziert und auf die mit den fünf Sinnen erfahrbare Alltagswelt ausgerichtet ist, solche spirituellen Erfahrungen machen?

Sri Chinmoy: Die Antwort lautet Meditation. Wenn wir meditieren, reinigen wir unseren Geist und unser Bewusstsein, und dann wird auch unser Traum rein und wird sich auf höheren Traumebenen ereignen. Das hängt allein von unserem inneren Fortschritt ab. Viele wollen nur äußeren Besitz, wollen die Welt beherrschen und wie Cäsar sagen: Ich kam, ich sah, ich siegte. Aber wenn man immer und immer wieder von derselben Nahrung gekostet hat, wird man eines Tages Appetit auf etwas anderes und man strebt nach den schöneren Früchten einer höheren Wirklichkeit. Dann lieben wir die Welt nicht mehr, um sie zu besitzen, sondern wir lieben sie, weil wir in der Schöpfung Gott erkennen.

Karl Schnelting: Viele Fernsehzuschauer haben mir geschrieben, ihnen seien ihre verstorbenen Verwandten im Traum erschienen. Ist das mentale Projektion, Halluzination oder Wirklichkeit?

Sri Chinmoy: Es ist wie mit echten und falschen Münzen. Halluzinationen kommen vor und sind Falschgeld. Auf der anderen Seite ist es absolut wahr, dass im Traum eine gegenseitige Verständigung zwischen Lebenden und sogenannten Verstorbenen stattfinden kann. Verstorbene Seelen können aus Mitgefühl für die Hinterbliebenen ganz leicht mit dieser Welt Verbindung aufnehmen und im Traum zu ihren Verwandten sprechen, ihnen Ratschläge geben und sie anleiten.

Spirituelle Menschen sind auch in der Lage, klar zu erkennen, wann es sich wirklich um den Besuch der Seelen Verstorbener handelt, und wenn sie weit genug fortgeschritten sind, können sie auch ihrerseits im Traum mit den Verstorbenen Kontakt aufnehmen. Aber solche Fähigkeiten auf den Traumebenen sind niemandes Monopol, jeder kann sie auf dem Weg der Meditation erwerben. Theoretisch hat jeder freien Zugang zu Tausenden von Erfahrungen auf der seelischen Ebene. Auch die Gottverwirklichung ist nicht mir vorbehalten.

Karl Schnelting: Trifft es zu, dass Sie ihre Schüler in aller Welt auf der inneren Ebene besuchen und ansprechen können?

Sri Chinmoy: Oh ja. Ich habe die Seelen meiner Schüler schon viele, viele Male besucht, doch ich tue das nicht in meinen Träumen, sondern mit einer höheren Methode, über die ich Dank der unendlichen Gnade Gottes verfüge. Meist ist es leichter, dem Schüler eine Botschaft zu übermitteln, wenn er sich seinerseits im Traumzustand befindet.

Karl Schnelting: Viele Menschen berichten von Wahrträumen, die kein Ereignis vorhersagen. Wie sehen Sie das?

Sri Chinmoy: Ja, viele Träume, die wir nachts erleben, werden zu Ereignissen in der äußeren Welt. Aber manchmal fängt jemand die Traumblüte auf, die vom Baum auf die Erde fällt und sich realisieren will und so kommt es nicht zu einer Manifestation in der physischen Wirklichkeit.

Karl Schnelting: Kann man seine innere Fähigkeit zur Wahrnehmung von Wahrträumen verbessern?

Sri Chinmoy: Ja, wenn wir unser Bewusstsein von negativen Gedanken reinigen und unser Herz, das alles durchdringen kann, ins Unendliche, ins Göttliche ausdehnen. Dann können wir selbst auf den Baum steigen, eine Frucht pflücken und sie auf die Erde bringen: dann werden Träume sehr leicht Wirklichkeit.

Karl Schnelting: Was halten Sie von dem Satz, dass alles, was in der physischen Wirklichkeit geschieht, zuvor geträumt wurde?

Sri Chinmoy: Es ist absolut wahr. Der Traum der Menschen ist wie die Saat und die Wirklichkeit ist wie die Frucht. Auf höherer Ebene ist alles Existierende eine Vision, ein Traum Gottes, auch der Mensch und seine Träume. Auf der göttlichen Ebene sind Vision und Wirklichkeit identisch.

Karl Schnelting: Kann man lernen, luzid zu träumen, also während des Träumens bewusst zu sein, dass man träumt?

Sri Chinmoy: Ja natürlich, so dass man Realität und Traum unterscheidet und zum Beispiel bei Albträumen keine Angst mehr hat. Wenn ich träume, doch meistens habe ich keine Träume sondern Visionen, bin ich mir des Traumcharakters der Ereignisse bewusst.

Karl Schnelting: Trifft es zu, dass ein Yogi sein volles Bewusstsein sogar während des Schlafes, also nicht nur während des Traums, aufrechterhalten kann?

Sri Chinmoy (lacht): Ja, obwohl er vielleicht schnarcht und jeder Umstehende denkt, er schläft, kann ein Yogi, der täglich sieben oder acht Stunden lang meditiert, während des Schlafes voll bewusst bleiben und die innere Aktivität aufrecht erhalten. Er erlaubt seinem Körper sich auszuruhen, denn ein wenig Ruhe braucht der Körper, aber seine Seele ist dynamisch und aktiv und kann im Inneren wie im Äußeren alles beobachten. Dieser Zustand ist noch schwieriger zu erlernen als luzides Träumen, doch wenn man lange Jahre Yoga praktiziert hat, kann man sein Wach- und Schlafleben zu einem verbinden und keine Minute geht verloren.

Mein erhabener Herr,
niemand außer Dir
wird das Dankbarkeits-Lied
meines Herzens hören.
Niemand außer Dir
wird den Hingabe-Tanz
meiner Seele beobachten.
Niemand außer Dir
wird mein Traum-Leben
in Dein Wirklichkeits-Herz
verwandeln.

Ich bin bereit,
Niederlagen in allen Bereichen
des Lebens hinzunehmen.
Aber eine Niederlage werde ich
niemals, niemals hinnehmen
und das ist die Niederlage
des goldenen Traumes
meines silbernen Herzens.

Wenn Sie mehr über Sri Chinmoy, seine Bücher und seine Musik erfahren möchten oder an kostenlosen Konzerten und Meditationskursen in Ihrer Nähe interessiert sind, wenden Sie sich bitte an den Verlag The Golden Shore oder unsere Auslieferungen in Österreich und in der Schweiz. Wir senden Ihnen gerne weitere Informationen zu.

The Golden Shore Verlagsges.mbH

Austraße 74

D-90429 Nürnberg

Tel. (0911) 28 88 65

Fax (0911) 28 84 12

Auslieferung Schweiz:

Madal Bal GmbH

Am Bach 1

CH-5420 Ehrendingen

Tel. (056) 203 13 00 / Fax (056) 203 13 06

Auslieferung Österreich:

Gandharva Loka

Westbahnstraße 4

A-1070 Wien

Tel./Fax (01) 522 97 23